T0038344

EL NIVEL MÁS ALTO DE ILUMINACIÓN

TRANSCENDER LOS NIVELES DE CONCIENCIA PARA LA AUTORREALIZACIÓN TOTAL

David R. Hawkins

EL GRANO Ð MOSTAZA

Título: El nivel más alto de iluminación
Subtítulo: Transcender los niveles de conciencia para la autorrealización total
Autor: David R. Hawkins

Título original: THE HIGHEST LEVEL OF ENLIGHTENMENT
Copyright © 2024 a cargo de The David and Susan Hawkins Revocable Trust
Publicado originalmente en 2024 por Hay House Inc. USA

Primera edición en España, abril de 2024
© para la edición en España, Ediciones El Grano de Mostaza S.L.
Traducción: Miguel Iribarren

Impreso en España
ISBN PAPEL: 978-84-127974-9-7
ISBN EBOOK: 978-84-128427-0-8
DL: B 4912-2024

El Grano de Mostaza Ediciones, S.L.
Carrer de Balmes 394, principal primera
08022 Barcelona, Spain
www.elgranodemostaza.com

"Cualquier forma de reproducción, distribución, comunicación pública o transformación de esta obra solo puede ser realizada con la autorización de sus titulares, salvo excepción prevista por la ley. Diríjase a CEDRO (Centro Español de Derechos Reprográficos) si necesita fotocopiar o escanear algún fragmento de esta obra (‹www.conlicencia.com›; 91 702 19 70/93 272 04 45)".

EL NIVEL MÁS ALTO DE ILUMINACIÓN

TRANSCENDER LOS NIVELES DE CONCIENCIA PARA LA AUTORREALIZACIÓN TOTAL

David R. Hawkins

Índice

INTRODUCCIÓN

Bienvenido a *El nivel más alto de iluminación*. Acabas de embarcarte en un viaje que probablemente sea diferente a cualquier otro que hayas experimentado. Este viaje comienza con la extraordinaria historia de vida de un notable maestro espiritual, el doctor David Hawkins. Muy conocido por su trabajo en kinesiología y calibración energética, ha descubierto una poderosa herramienta que puedes utilizar para descubrir la veracidad o falsedad de cualquier afirmación, independientemente de tus opiniones o sentimientos al respecto.

Las posibles aplicaciones de este sistema de medición son inmensas. En numerosas ocasiones, líderes espirituales de la talla de Wayne Dyer han cruzado el mundo para asistir a las conferencias del doctor Hawkins, en las que tomaban copiosas notas. Desde la temprana edad de tres años, el doctor Hawkins se encontró con el don y la maldición de una vida plagada de paradojas y preguntas sin respuesta. Durante su búsqueda, experimentó el cielo y el infierno, pero al final de su tumultuoso camino encontró la verdadera iluminación.

Él sigue aquí, dedicado a llevar la energía y la sabiduría de su camino iluminado a quienes estén dispuestos a escuchar no con la mente, sino con el corazón. Al seguir las enseñanzas del Doctor Hawkins, es importante que comprendas que leerle va mucho más allá de la mente. En el marco de la energía, del que el doctor Hawkins ha sido pionero, el acto de leer, e incluso estar en presencia de la energía de una conciencia superior, tiene un profundo efecto en tu propia energía y en el viaje de tu alma.

Al principio puede parecerte que tu mente no capta plenamente los conceptos que él está compartiendo, pero ten la seguridad de que tu alma comprende cada enunciado. De hecho, basándonos en las exploraciones del doctor Hawkins, el simple hecho de leer el material puede tener un impacto positivo en tu energía y en tu experiencia de crecimiento espiritual. Te animamos a leer este libro con frecuencia. A medida que lo hagas, descubrirás que se despliegan capas de sabiduría y percepciones que son claramente de una conciencia más elevada. A veces lo sentirás como un rompecabezas que tu mente no puede comprender del todo. Pero has de saber que el trabajo energético ya se está realizando. Tu mente del ego lucha mientras tu alma se eleva.

CAPÍTULO 1

Un notable viaje de iluminación

La sección siguiente está tomada de un taller de 2003 que el doctor Hawkins impartió en San Juan Capistrano. Entre otros temas, comienza compartiendo su propio viaje personal de transformación, un viaje que parece abarcar mucho más que una simple vida.

Una vía instantánea hacia Dios pasa por la belleza y, de niño, encontré a Dios a través de la belleza en una catedral episcopal, donde fui acólito del obispo y niño soprano. Las experiencias de esta vida, de las que hablaré brevemente, explicarán algunas de mis excentricidades y comportamientos extraños. Todo comenzó realmente a los tres años, a partir de la nada, del olvido de lo que entonces creía que era el vacío, la realidad última del vacío. Fui estudiante de budismo, la vía de la negación, durante muchas vidas, y de ahí sales a la nada, porque si crees que la realidad última es el vacío, entonces lo que obtienes es ese vacío. Si el vacío fuera real, podrías quedarte allí. El vacío no es real, así que tienes que volver, y yo descubrí eso a los tres años, cuando salí del vacío y de repente —¡bam!— me di cuenta de que existía, no de que existía como este pequeño cuerpo sucio que yacía en una cuna y que no me complacía, sino simplemente la conciencia de la existencia; una confrontación impresionante con la existencia.

Es como una refutación de que la verdad última es el vacío, porque ahora entiendo que tengo existencia. De modo que tenía existencia, y entonces, instantáneamente, surgió el enigma del miedo a la inexistencia. Pensé que si yo existía, podría haber ocurrido que yo no hubiera llegado a existir, y de repente surgió el miedo a la inexistencia. Así que esa era la polaridad, la dualidad, los opuestos, el enigma de esta vida. Tardé cincuenta años en resolverlo. ¿La realidad última es el todo o la nada? En el nivel de conciencia 850, se resuelve solo. Así que esa fue la confrontación.

Y mientras que otros niños se preocupaban por jugar, yo me preocupaba por la existencia frente a la inexistencia. Mientras ellos jugaban al béisbol, yo leía a Platón, Aristóteles y a otros grandes filósofos de la historia, y tengo todos los grandes libros del mundo occidental en casa. La preocupación de los grandes libros del mundo occidental se reduce, en realidad, a ¿qué es la verdad y cómo se puede llegar a conocerla? Y si se calibran los grandes libros, los más grandes pensadores que han existido, todos los grandes filósofos de todos los tiempos, los grandes libros del mundo occidental calibran en torno al 468. Eso es el resultado de estar atascado en el intelecto, que es el problema de tratar de salvar la brecha entre la religión, la espiritualidad y la ciencia, porque la ciencia solo puede llegar hasta cierto punto. Llegaremos a los niveles calibrados de conciencia, pero verás que la ciencia está atascada en los 400. Einstein estaba en el nivel de conciencia 499. Freud también, en 499. Isaac Newton, 499. Hasta ahí puede llegar el intelecto.

Así que yo, al ser muy, muy religioso, era muy escrupuloso. Tenía un miedo espantoso a pecar, y el pecado, según mencionaba el sacerdote, era como una mancha en tu alma. Era como si tuvieras una pantalla invisible detrás de ti, y Dios pudiera ver esa mancha. Aquello era suficiente como para crearme paranoia. Así que iba a confesarme.

La iglesia alta episcopal es muy parecida al catolicismo. Nos confesábamos los sábados por la tarde; yo iba lo más tarde posible y luego iba a misa lo más temprano posible. Se suponía que no podías pecar entre la confesión y la comunión. Así que salía de la confesión a las cinco menos cuarto, y solo tenía que llegar a la primera comunión del domingo por la mañana, a las siete, y evitar el pecado durante doce o catorce horas. Bueno, tenías que vigilar tus pensamientos y ser muy, muy cuidadoso, y ya sabes cómo es cuando intentas controlar tus pensamientos. Cuanto más intentas no pensar en un camello verde, ya sabes cómo es. Quiero que nadie piense en un camello verde durante cinco minutos.

Pero bueno, de todos modos, estás intentando evitar el pecado. Recuerdo que, de camino a la iglesia, teníamos un Ford Modelo A del 29, y la capota estaba bajada. Justo cuando llegamos cerca de la iglesia, había una valla publicitaria de diez metros de largo con un anuncio del traje de baño Jantzen, y una rubia curvilínea de diez metros acostada allí. Enloquecido por la testosterona, como todo chico de 14 años, aquel anuncio de diez metros de largo de un bañador Jantzen bastaba para lanzarte al terror del pecado. Aquella mañana comulgué con inquietud, pensando que igual me podía partir un rayo.

El miedo a Dios; tenemos miedo a Dios por no conocer la verdad sobre Dios. Si Dios fuera un ególatra arbitrario, eso tendría sentido. Y esa concepción de Dios es la que dominaba en las religiones más antiguas y establecidas. La institución religiosa ganaba una gran cantidad de poder sobre la población manteniéndola aterrorizada. Así que Dios era la herramienta definitiva para aterrorizar. La máxima maldad, en realidad demoníaca, viciosa, vengativa, celosa, paranoica, inestable e insegura del Dios había salido del Antiguo Testamento. Él tenía sus favoritos, y si no eras uno de sus favoritos..., iba a decir "que Dios te asista", pero...

***

Entre los doce y los catorce años tenía la ruta de reparto de periódicos más larga del estado de Wisconsin, veintinueve kilómetros por el campo. En una ocasión hacía 10 grados bajo cero, había ventisca y todos mis periódicos salieron volando. Estaba oscuro como la boca de un lobo, era mucho después de la hora de volver y yo me encontraba muy, muy lejos de casa. La bicicleta patinó sobre el hielo y los papeles volaron en la oscuridad. Y empecé a llorar. Frustración. Y pensé: "Voy a cavar un hueco en este banco de nieve". Bueno, en Wisconsin, a finales de enero, la nieve tiene tres metros de altura, así que cavé un agujero en el banco de nieve. Rompí la corteza helada y me metí allí.

De repente, me invadió un estado increíble. No quiero pensar mucho en ello porque me lo vuelve a provocar. Era la presencia infinita de una paz exquisita, era como la esencia del amor. El yo personal se disolvió. Solo existía la totalidad de esta presencia infinita, que no es diferente de lo que yo soy. El verdadero Yo era el Yo de esta presencia, que existía desde antes de que todo tiempo comenzara y estará ahí cuando todo el tiempo haya acabado. Habrá eso antes y después de todos los universos. Toda esta experiencia era no verbal. Era el conocimiento de ser uno con esa presencia.

Estaba más allá de todo tiempo, y esa condición duró eternidades. Los estados que están más allá del tiempo no pueden medirse con las ideas conceptuales sobre el tiempo, por lo que eso duró un período infinito, infinito según los conceptos mundanos. Cuando terminó, mi padre estaba sacudiéndome el pie, temiendo que hubiera muerto congelado. Y vi que él creía en la muerte, y que si yo no volvía al cuerpo, pensaría que había muerto, y tendría un gran dolor. Así que, debido a mi amor por él, regresé.

En otro momento posterior de mi vida, estaba caminando por el bosque solo y me vino a la mente el conocimiento completo del sufrimiento total de toda la humanidad, su totalidad a través del tiempo. No sé cómo explicarlo. Surgió de un conocimiento y de una confrontación sorprendente que fueron increíbles. Contemplé la totalidad de la agonía de los seres humanos. ¡Vaya con Dios! En ese momento, me convertí en ateo, porque, en aquellos días, el dogma era que Dios era el creador de todo, incluidos los hongos de las uñas de los pies. Dios era el creador de todo, así que no solo era alguien malo, sino que había también creado todo este horrible sufrimiento. Pues bien, yo no podía creer en un Dios así.

De modo que esta entidad ya era devota de la verdad y reconocía que eso no era verdad. Por falta de sofisticación, no me di cuenta de que lo que estaba viendo era una creación del ego humano, por la que se le culpaba a Dios, lo cual sigue ocurriendo en los telediarios de cada noche: ¿Por qué Dios permitió que le pasara esto a mi hijo, que lo atropellara el autobús? ¿Verdad? ¿Esta persona nunca ha oído hablar del karma? A partir de hacerme ateo, comencé una búsqueda de la verdad a través del psicoanálisis. Pasé por un psicoanálisis increíble. Leí a todos los grandes filósofos y la gran literatura del mundo, y leí sobre Zen y algunas otras cosas, pero sentía una desesperación progresiva. Empeoró hacia los treinta y tantos, y se convirtió en una obsesión por llegar al núcleo y a la esencia de la verdad, tanto si existía tal verdad como si no. Ya no la llamaba Dios. Era como si la vida no tuviera sentido, no era significativo vivir la vida a menos que uno pudiera llegar a esa verdad. De otro modo, la vida era una especie de conductismo tonto, un reflejo condicionado. Podías pasar sin ella, no tenía ningún significado profundo, a menos que pudieras encontrar algún núcleo de verdad existencial que le diera significado. Si solo vives para pasar de un momento al siguiente, entonces solo es una vida animal. ¿Qué sentido tiene soportar el sufrimiento que conlleva? Más te valdría acabarla ahora.

Tenía este impulso de alcanzar el núcleo y llegar al fondo, y a mis treinta y tantos esto se convirtió en una obsesión. Y al ir a por ello una y otra vez, llegué a un núcleo interior de desesperación, de negra desesperación, que era lo contrario de lo que había experimentado en el banco de nieve. Llegué a experimentar los niveles inferiores del infierno. Los niveles superiores al infierno ya son espantosos. Y lo que la mayoría de la gente piensa que es el infierno son los niveles superiores. Eso solo es el principio, eso ni siquiera es el infierno, aunque a la gente le arranquen la lengua y le atormenten. Quiero decir que eso no es nada en absoluto. Después empieza a ponerse feo, y las fosas del infierno, como las alturas del cielo, no tienen forma. Así que vas más allá de la forma y el espanto y el terror, y hay un conocimiento que Dante ya vio. Dante, no sé cómo lo supo. Hay un conocimiento: más allá de este punto, abandona toda esperanza para siempre, y entonces vas a las verdaderas profundidades, que son eones eternos de agonía más allá, de agonía del espíritu. Y en las profundidades de la agonía del espíritu, no hay ninguna esperanza de salir de ella. No hay medios para hacerlo.

En lo más profundo de todo, este ardiente y dedicado ateo dijo: "Si hay un Dios, le pido ayuda". Y luego el olvido, y después un despertar, no sé cuánto tiempo después —un día o dos, seis horas, no tengo ni idea—, en el que todo se había transformado en su opuesto. No quedaba ninguna persona. Ahora tampoco hay una persona que os esté hablando. La gente me pregunta: "¿De qué vas a hablar?". "¿Cómo voy a saberlo hasta que yo mismo lo oiga?". No hay ninguna unidad de control central que decida a dónde vamos a ir y qué vamos a decir. Todo sucede como consecuencia de la totalidad del campo.

Así que la realidad de la presencia interna es absoluto silencio. Todo se mueve, habla y hace lo que hace espontáneamente. Como puedes ver, el cuerpo se mueve por ahí por sí mismo. No tiene nada que ver con ninguna persona. La gente le habla porque el mundo es así. Se mueve espontáneamente. Todo sucede por sí mismo. Todo está siendo dicho por su propia cuenta. Todo surge de una absoluta conciencia silenciosa y del conocimiento de lo que ella es. Todo se convierte en la expresión de su propia potencialidad. Y eso es lo que te habla hoy.

Clásicamente, la gnosis del *Purusha*, del maestro, es la presencia interna, que se expresa espontáneamente a través de la dimensión física. Todo el mundo está interesado en el avance espiritual, y por eso intento hablar de las cosas que creo que aceleran esa intención común. El mayor bloqueo, como verás cuando lleguemos a los niveles de conciencia, tiene que ver con la idea de causalidad. Verás que, en nuestra civilización, la conciencia está establecida típicamente en el nivel 400, que es el intelecto, y el intelecto está basado en la idea de causalidad. Hay un *esto* causando *aquello*. Así que, si vamos más allá de la ilusión de causalidad, podemos saltar al nivel de los 500, donde ves que todo ocurre como consecuencia de la totalidad. Nada está causando alguna otra cosa. Entonces, tenemos que explicar que, si nada está causando alguna otra cosa, ¿cómo llega algo a ser lo que es?

Así que, en lugar de eso, te diré la verdad más elevada que puede llegar a conocerse. Todo sucede por sí mismo, espontáneamente, como consecuencia del poder infinito del campo. Está el contenido del campo, y luego está el campo. El poder es el del campo. La presencia de Dios es como un enorme campo electromagnético de una potencia tan enorme que mantiene unido todo el universo, cada átomo, cada molécula. Su inmensidad y su poder van más allá de lo que se pueda imaginar.

Este campo, por tanto, domina toda la creación. Todo está sometido al poder del campo. Así que el espíritu, a medida que evoluciona a lo largo de las vidas, a lo largo de los eones, se podría decir que adquiere, a través de la intención espiritual y la decisión, una especie de carga magnética de mayor o menor intensidad, de esta o de aquella polaridad, de esta negatividad y aquella positividad. Así, cada decisión... es como que la voluntad espiritual por su intención global, por su intención espiritual, domina y diseña la herencia kármica de uno. Así, por la intención espiritual establecemos nuestra propia herencia kármica. La gente dice: "Yo no creo en el karma". Bueno, te diré que lo que eres es tu karma. Eso a lo que estás mirando es tu karma.

Mientras el doctor Hawkins compartía contigo la extraordinaria historia de su vida, ha tocado conceptos como la dualidad, el campo y el karma. Es posible que algunos de estos conceptos sean nuevos para ti, o pueden tener significados diferentes en relación con las enseñanzas del doctor Hawkins. En los próximos capítulos tratará cada uno de estos conceptos con más detalle.

En el próximo capítulo te proporcionará una explicación detallada de una poderosa herramienta espiritual, El Mapa de la Conciencia®, explicándote cómo lo creó y cómo puedes utilizarlo para que te sirva mejor en tu camino espiritual.

CAPÍTULO 2

Una introducción al Mapa de la Conciencia®

***

A través de una técnica conocida como prueba muscular, o kinesiología, el doctor Hawkins ha realizado una extensa investigación sobre el camino del espíritu humano y posteriormente ha creado un mapa de la conciencia. Este mapa calibra niveles que se correlacionan con procesos específicos de conciencia, emociones, percepciones, actitudes, visiones del mundo y creencias espirituales. A cada uno se le asigna un valor numérico, que refleja la energía inherente de esa condición.

La escala comienza en el nivel de energía más bajo de 20 y llega hasta el nivel más alto de calibración de la energía humana, en 1.000. El punto de respuesta crítico en la escala de la conciencia calibra en el nivel 200, que es un nivel asociado con la integridad y el coraje. Por lo tanto, cualquier estado por debajo de 200, estados como la vergüenza, la pena, la apatía, la culpa, el miedo, el deseo, la ira y el orgullo drenan la energía y requieren fuerza para existir. Por otro lado, los estados de la escala por encima de 200, como el coraje, la neutralidad, la buena voluntad, la aceptación, la razón, el amor, la alegría, la paz y la iluminación están basados en el poder que sustenta la vida y ofrece apoyo espiritual.

Antes de seguir adelante, es mejor que entiendas cómo se creó este mapa y la metodología que se utilizó para sustanciar los hallazgos del doctor Hawkins. Las pruebas musculares, o la kinesiología, actualmente se considera una ciencia bien establecida y se basa en una prueba que da una respuesta muscular de todo o nada ante un estímulo. Investigado originalmente por el doctor George Goodheart a principios de los años 70, más tarde el doctor John Diamond le dio una aplicación más amplia. Este proceso es una demostración clara de que los músculos se debilitan instantáneamente cuando el cuerpo está expuesto a estímulos nocivos. Se necesitan dos personas para iniciar el procedimiento de esta prueba. Una actúa como sujeto de la prueba, extendiendo un brazo lateralmente, paralelo al suelo. La segunda persona presiona hacia abajo con dos dedos la muñeca del brazo extendido y dice: "Resiste". Entonces el sujeto resiste esa presión descendente con todas sus fuerzas. Este es el procedimiento básico.

Cualquiera de las partes puede hacer una declaración. A continuación, mientras el sujeto tiene en mente esa declaración, se comprueba la fuerza de su brazo mediante la presión hacia abajo de quien realiza la prueba, aplicada con dos dedos sobre la muñeca del sujeto. Si la afirmación es negativa, falsa o refleja una calibración inferior a 200, el sujeto de la prueba se debilitará. En cambio, si la afirmación es positiva, o la respuesta es afirmativa y calibra por encima de 200, el sujeto se fortalecerá. Hay que tener en cuenta que las preguntas deben formularse en forma de declaración para verificar su verdad o falsedad. Por ejemplo, si tienes 35 años, puedes decir: "Tengo 35 años" y hacer que alguien te presione el brazo extendido. Se mantendrá fuerte. Si luego dices: "Tengo 38 años" y haces que alguien te presione el brazo hacia abajo, te debilitarás al instante. Además, hay que tener en cuenta que las partes implicadas deben tener una actitud impersonal durante el procedimiento. Evita las distracciones. Quítate las gafas, los sombreros, las joyas y los relojes, especialmente los de cuarzo, y ten el deseo de llegar a la verdad sobre el asunto en cuestión.

Este procedimiento suena demasiado simple. Y lo cierto es que su espíritu es simple. Sin duda, al ego humano le gusta complicar las cosas. El doctor Hawkins ha investigado la kinesiología y ha corroborado sus hallazgos durante más de 29 años. Como él expondrá, este método de calibración es muy poderoso y puede demostrar su utilidad para alcanzar el discernimiento en cualquier área de tu vida. Todo lo que se requiere de ti es integridad y el deseo de conocer y experimentar la verdad.

De modo que ahí está el ser humano, luchando en todas las edades. Basta con pensar en cuántos barcos se hundieron a lo largo de los siglos y cuántos marineros murieron y fueron al fondo del mar por falta de brújulas. Bueno, esto es solo el paradigma de por dónde ha pasado la humanidad sin la capacidad para distinguir entre la verdad y la falsedad; así el ser humano tropieza y no puede distinguir a la oveja del lobo. Como dijo Cristo, cuidado con el lobo con piel de cordero, pero él no enseñó kinesiología ni te dijo cómo averiguar qué piel de cordero lleva un lobo dentro.

Por primera vez descubrimos cómo distinguir la verdad de la falsedad. Esto fue tan chocante que realmente no supe qué hacer con ello durante bastante tiempo. Y a continuación empezamos a verificarlo con miles de experimentos, y lo probamos en aulas con mucha gente. Lo probamos también en grupos de investigación y terminamos calibrando los niveles de conciencia, lo que ahora se conoce como el Mapa de la Conciencia®.

Descubrimos que las cosas que te hacen sentir débil en una escala de conciencia pueden calibrarse numéricamente, y así acabamos con una escala logarítmica de conciencia que va de 1 a 1.000, con la que podemos calibrar el nivel de verdad de cualquier cosa.

Como ya he comentado, no dije nada de todo esto durante treinta años. El problema era cómo presentarlo de forma que fuera comprensible y cómo correlacionarlo con las enseñanzas y los sistemas de creencias espirituales tradicionales. Así que la kinesiología nos llevó a crear una escalera para ir de la mente ordinaria al intelecto y a una realidad espiritual. Pero la persona que se queda atrapada en el intelecto no puede ir más allá de él. De hecho, tal vez solo el 4% de la población humana llega a ir alguna vez más allá del intelecto, más allá del nivel calibrado de los 400. Así que, por un lado, el intelecto es el gran salvador de la humanidad —ciertamente lo ha sido para la civilización occidental—. Pero más allá de eso, se convierte en lo que obstaculiza la conciencia espiritual.

Después descubrimos que, con la kinesiología, se podían calibrar realmente los niveles de conciencia y creamos esta escala que va del 1 al 1.000, y de esta manera podíamos preguntar si la energía de algo está por encima de cierto número. Así que lo que salió de estos experimentos fue una escala arbitraria. Resultó que iba de 1 a 1.000, y los números acabaron siendo logarítmicos porque se vuelven tan enormes que tuvimos que recurrir al logaritmo del número. Descubrimos cosas que hacen que tu brazo se ponga fuerte en función de una escala, y cualquiera puede hacer esto en su casa. Por ejemplo, en una escala de uno a cinco, cualquier cosa también puede ser un dos o un tres o un cuatro. Cualquiera puede construir su propia escala, pero, con mucha investigación, hemos ideado una escala que es bastante útil, como la escala de la temperatura centígrada. Descubrimos que todo lo que hace que tu brazo se fortalezca en la prueba de kinesiología calibra por encima de 200, y todo lo que hace que tu brazo se debilite calibra por debajo de 200. Así que entonces decimos en una escala de verdad, esto calibra por encima de 100, 200, 300, y de repente tu brazo se fortalece.

Mediante la experimentación con grandes grupos de gente durante un tiempo considerable, verificamos una escala de conciencia muy fiable en la que todo lo que calibra por encima de 200 es verdadero, o íntegro, o apoya la vida. Y lo que no es íntegro, lo que es falso, hace que tu brazo se debilite y calibra por debajo de 200. Bueno, esto sin duda fue realmente útil. Así, podíamos sostener algo frente al público, y podíamos dividir a la audiencia, y lo hicimos muchas veces. Ya sabes, he tenido audiencias de mil personas, y las dividimos en quinientas parejas.

Uno es el sujeto de la prueba y el otro hace el papel de médico. Entonces sostenemos diversas cosas sobre el plexo solar del sujeto, o podemos sostener algo en alto y hacer que el público lo mire. Una vez lo hicimos en Corea. Estábamos enseñando kinesiología; teníamos una clase grande, y yo no sabía lo que iban a poner en alto. Dividimos la clase en grupos de unos y doses, y la doctora Moon levantó una bolsa de algún tipo de verduras, todos la miramos y todos nos fortalecimos. Luego levantó una bolsa idéntica de la misma verdura, y todos la miramos y nos debilitamos.

Entonces le pregunté:

—¿Qué contiene?

Ella dijo:

—Bueno, la primera era col orgánica y la segunda es col cultivada con pesticidas.

Así que, sin que haya contacto físico, solo con el contacto a través de la conciencia misma —teniendo realmente en mente algo—, basta para hacer la prueba de kinesiología. Puedes decir: "Esto está por encima de 200 o esto está por debajo de 200". Puedes ver si Bin Laden está por encima o por debajo de 200. Puedes ver si Saddam Hussein está por encima o por debajo de 200. En otras palabras, puedes acabar calibrando cualquier cosa que exista en cualquier lugar o tiempo, simplemente teniéndola en mente. Esto parece algo mágico para los que no están familiarizados con la conciencia, pero cuando te das cuenta de que la conciencia es lo que domina toda la experiencia, lo que domina la totalidad de la vida, lo que domina todas las decisiones, todo en la vida tal y como la experimentamos, no debería resultar sorprendente. A la gente que vive dentro del paradigma newtoniano de la forma esto le puede resultar bastante sorprendente porque tienen en cuenta la causalidad y ese es un mundo muy limitado; están mirando el mundo de la forma, el mundo de los bosques y de la existencia, cuando la vida surge del poder.

Así que la realidad infinita de la que surge la vida es un poder infinito que clásicamente ha sido llamado Dios, a pesar de que mucha gente no quiere que se use ese término porque le incomoda. A mí me incomoda que a la gente le incomode el término, pero divinidad suena menos objetable. De todos modos, hay un campo infinito de conciencia que, como comprenderás, también ha sido descrito por la física avanzada. En mi opinión, David Bohm tiene la mejor comprensión de la física porque describió empíricamente esa experiencia literal por la que de lo inmanifestado surge lo manifestado. Ahí ves una recapitulación de la historia de la creación, y cuando uno mismo entra en esa conciencia, ve que todo lo que existe surge de un poder infinito del que emana la capacidad de existir.

O bien uno asume que surgió de una combustión espontánea en algún lugar dentro del tiempo lineal, o empieza a darse cuenta de que la creación y la evolución son una misma cosa. Se aprecia que lo que existe debe surgir de un poder infinito. ¿Ves? Aceptamos que algo está dado sin examinarlo. Te preguntas: "¿Cómo llega algo a existir? ¿Cómo llega a existir incluso la capacidad de ser consciente?". Uno puede forzar el intelecto y tratar de ver una progresión infinita de causalidad, que por supuesto es la forma clásica de considerarlo, retroceder a través de las causas hasta una causa primaria. Pero entonces, uno termina en la limitación del ego, porque ¿cuál es la causa primera más allá de la causa primera? Y descubres que en una secuencia infinita de causas, la primera es de una clase diferente. Tienes que saltarte las clases.

De modo que la fuente de la existencia es la presencia de la divinidad, del momento presente, y esa existencia es continua porque la presencia de la divinidad es continua. Nuestra existencia está siendo sostenida constantemente por el poder infinito del campo a partir del cual la existencia se vuelve una posibilidad. El valor de los niveles calibrados de conciencia es que podemos integrarlos con la historia espiritual, con la experiencia humana común, con la psicología, la psiquiatría, y también descubrimos que podían calibrarse las emociones humanas. Y así calibramos cuál es el nivel de miedo, cuál es el nivel de la depresión, de la apatía, de la desesperanza, de la ira, del orgullo, y lo que en psicoanálisis se llamaban emociones de emergencia: miedo, ansiedad u odio. Descubrimos que todas calibraban por debajo de 200, así que pudimos calibrar las emociones negativas.

A continuación, encontramos lo que el psicoanálisis denomina las emociones del bienestar —integridad, solidaridad, amor, ambición, dedicación, servicio—, y llegamos al intelecto, la capacidad de comprender la naturaleza de las cosas dentro del paradigma newtoniano de la realidad. Y ese es el mundo del intelecto.

***

Ahora mismo,[1] por ejemplo, Estados Unidos calibra como el país más alto del mundo. El nivel de conciencia de Estados Unidos como nación es de 421, y en este momento está por encima y más allá de cualquier otro país del planeta. Así, si miramos la naturaleza de una civilización que calibra a 421, vemos aprendizaje, escuela, intelecto, universidad, lectura, razón, lógica, ordenadores y el mundo de la ciencia. Vemos que nuestra vida se rige por lo que al menos suponemos que es la razón y la lógica, la prueba y la evidencia científica. Por eso, con toda probabilidad nuestra sociedad hace hincapié en la educación por encima de todo lo demás. La educación es el camino que decidirá tu carrera, tus ingresos y tu estatus social, e influirá en toda tu vida social y en dónde vives. Probablemente, hasta cierto punto, todo va a salir de tu educación.

Así que vemos que los 400 son bastante poderosos. Los 400 nos han dado la ciencia y, en una medida considerable, el hombre moderno debe su supervivencia a la ciencia. Cuando empecé a estudiar medicina, la mayoría de las enfermedades que tratábamos y que nos preocupaban ya ni siquiera existen —la difteria, la fiebre tifoidea y la poliomielitis— y cuando estuve a cargo de un hospital de enfermedades infecciosas, todas las enfermedades de las que moría la gente —paludismo, encefalitis, meningitis y todas las cosas que tratábamos— ya ni siquiera existen. Así que la ciencia ha sido una gran benefactora de la sociedad. Ahora, con los antibióticos, ya nadie muere de ninguna de estas dolencias; tenemos antídotos para ellas y muchas de esas enfermedades han desaparecido completamente.

---

1. Probablemente corresponde a una fecha anterior a 2010. (N. del t.)

El mundo de los 400 es el mundo de la escuela superior, del profesor, de la universidad. Es el mundo tal y como lo conocemos. Lo que ocurre cuando llegamos a los 500 es que entramos en una nueva dimensión. Vamos más allá de los niveles newtonianos de la razón, y empezamos a entrar en el dominio no mensurable de los 500. 500 es el nivel del amor. El nivel 400 tiene que ver con la lógica y la razón; habla del amor y te dice que el amor es bueno para ti y todo este tipo de cosas, pero eso no es el amor. Eso es hablar del amor.

$$***$$

Ahora bien, en el nivel 500, que alcanza el 4 % de la población, está la capacidad de amar de verdad. En 500, el amor adquiere una realidad experiencial diferente. No es la emoción del amor. Cuando la gente habla de amor, habla de una emoción, de algo que va de esto a aquello, yo te quiero, tú me quieres, y por lo tanto es algo que se puede perder. Esa persona puede dejar de quererte, y si esa persona es la fuente de tu felicidad, ahora vas a estar bastante desesperado. Y, por supuesto, las relaciones amorosas que van cuesta abajo a menudo terminan en suicidio y homicidio. En otras palabras, la retirada del amor puede causar una reacción bastante violenta. Y uno siempre es vulnerable, así que, en este sentido, al estar enamorado estás poniendo tu felicidad fuera de ti mismo.

Cuando llegas a los 500, la fuente de la felicidad ya no está fuera de ti, sino que viene de dentro. Ahora, el amor en el nivel calibrado 500 se convierte en una forma de estar en el mundo. El amor espiritual es una forma de ser. Es tu forma de estar en el mundo, lo que eres para el mundo. Ahora está más allá de la emoción. No depende de la emoción y es independiente del mundo. Si la otra persona te quiere, mejor, y si no te quiere, tú la sigues queriendo igual. Así que yo quiero a mi gatito pase lo que pase, y si de repente deja de quererme, él se lo pierde, porque yo sigo queriéndolo y ya se le pasará el mal humor. Así que nos convertimos en aquello que nutre la vida. El campo de energía de alguien en los 500 ahora comienza a irradiar y apoyar la vida.

Curiosamente, todas las personas que están en los 400 y creen que sobreviven por su propio ímpetu, por su propio rendimiento, por su propia lógica, etc., solo lo hacen porque, como un quark, flotan en un campo sostenido por la benevolencia que está presente desde los 500 en adelante. Es la presencia de la divinidad lo que permite al niño jugar con su intelecto. Ahora, el poder del campo sostiene a la persona. Así que en los 500 vemos una transformación que no se puede explicar en términos newtonianos. El reduccionista científico está atascado porque realmente no se puede explicar el amor o cualquiera de las cosas que no son medibles. La ciencia reduccionista radical dice que, si algo no se puede medir o pesar, no es real. Por supuesto, eso es un absurdo bastante ingenuo, pero el científico que dice eso vive completa y totalmente dentro de su propio yo experiencial subjetivo, así que incluso mientras está sentado allí diciendo eso en un tono de voz absurdo, subjetivamente cree que es verdad. De modo que es una afirmación subjetiva.

Entonces, uno llega a tomar conciencia de que toda la realidad y la experiencia de la realidad es radicalmente subjetiva. Así que esa subjetividad está en los 500 y es el punto de partida del amor. De 500 a 540, la capacidad de amar aumenta muy poderosamente. En 540 el amor cambia a amor incondicional. Así que el nivel 500 es amoroso, pero también tiene algo de condicionalidad. En 540 el amor se vuelve incondicional. ¿Cuál es la importancia práctica de eso? Pues por ejemplo, digamos que el alcoholismo ha sido algo irremediable a lo largo de toda la historia humana; nadie se recuperaba de él, excepto unas pocas personas que habían adoptado algunas creencias religiosas. Bill Wilson entró en una experiencia espiritual transformadora y descubrió la realidad espiritual básica de la que han surgido los programas de Doce Pasos. Descubrimos que AA, por ejemplo, calibra en 540. Así, el gran movimiento de los Doce Pasos ha transformado a una buena parte de América y ha trabajado silenciosamente en la trastienda, aunque la gente no sea consciente de ello. Los Doce Pasos han llegado a ser útiles en el tratamiento de todo tipo de problemas humanos, desde problemas de peso, al suicidio, a la depresión, al alcohol, las drogas y la violencia, y muchos otros que, para curarlos, requieren un campo de energía de 540.

No se pueden curar en los 400. La ciencia no puede curar las adicciones, y el amor mismo tampoco puede curarlas, porque tu madre puede quererte, tu mujer puede quererte, tus hijos pueden quererte, y tú sigues bebiendo hasta morir. Así que los 500 o los 520 o los 530 no lo conseguirán. No. Se necesita un poder. Así que, entonces, es el poder del campo el que te sostiene. Podemos validar científicamente que un campo de energía de 540 puede hacer que millones de personas se recuperen de una enfermedad incurable y sin esperanza. La primera vez que ocurrió esto fue con el psicoanalista Carl Jung, aunque también les había ocurrido ocasionalmente a algunas personas a lo largo de la historia. Cuando Rowland Hazard III fue a ver a Carl Jung por su problema con el alcohol, se recuperó durante un tiempo y luego recayó. Volvió a Suiza y volvió a ver a Carl Jung, quien calibraba en 520 y tenía conciencia espiritual. También fue su humildad lo que explicó el nacimiento del fenómeno posterior. Jung le dijo a Rowland:

—Ay, no puedo ayudarte; ni mi ciencia ni mi arte pueden ayudarte.

Le explicó a Rowland que, en la historia, algunas personas habían acudido a programas espirituales, y había quedado registrado que, ocasionalmente, aquí y allá, algunas personas se habían recuperado.

Así que Rowland regresó en un profundo estado de depresión y desesperanza, e ingresó en los Grupos Oxford, que fueron más o menos los precursores de AA. Así, nuestra sociedad comenzó a ser consciente de que los programas espirituales poderosos y la poderosa verdad espiritual pueden realmente curar la enfermedad física. Es el campo el que la cura, suscribirse al campo y a la verdad espiritual. Así que la humanidad, la sociedad, descubrió experiencialmente y para que todos pudieran verlo, que en lo que no tenía remedio era posible que ocurriera un milagro en virtud del poder espiritual. Intuitivamente, la gente empezó a entender que eso es poder, que es diferente de la fuerza. Con la fuerza, dices: "Si no dejas de beber, te meteremos en la cárcel". Yo he tratado a unas diez mil personas alcohólicas a lo largo de mi vida. Puedes meterlos en la cárcel una y otra vez, quitarles el coche, quitarles el carné de conducir, su mujer los deja, su familia los abandona, los despiden del trabajo, y todo eso —todo eso es ejercer la fuerza— no tiene absolutamente ningún efecto, ningún efecto en absoluto.

Y entonces, la persona entra en un campo de 540. Todo el mundo dice: "Vaya, hombre, me alegro de que estés aquí," le dan un abrazo, y de repente el tipo siente una inyección de algo diferente, y a partir de ese momento se han recuperado muchas personas. Así que esta es una vívida demostración clínica del campo de energía que describimos en 540. Otras cosas han aparecido desde entonces, una especie de experiencia generalizada, porque estoy buscando la verificación a través de la experiencia humana. *Un curso de milagros* apareció de la nada y calibra en 600. Entonces comenzó la demostración de fenómenos aún mayores: la gente podía recuperarse no solo de adicciones, sino también de otras enfermedades graves en virtud de seguir caminos espirituales. Y *Un curso de milagros* creció más o menos como Alcohólicos Anónimos (AA). Los grupos se formaron espontáneamente. No hay nadie al cargo. AA no posee ningún edificio. Así, la difusión de la verdad espiritual ha dado a un gran porcentaje de la población del país la experiencia que demuestra lo que es la verdad espiritual, lo que puede hacer y el aspecto que tiene cuando alguien la vive. Puede curar enfermedades incurables, y en *Un curso de milagros* hemos visto personas que se han recuperado de todas las enfermedades conocidas por la humanidad.

Sin embargo, eso no significa que vayas a anular el karma que tengas que afrontar en esta vida. Puede que lo trasciendas o puede que no. Así que podemos traducir el karma en cualquier cosa en función de cómo la persona quiera experimentarlo. La persona mecanicista dirá: "¿Dónde están tus genes y tus cromosomas?", y tú dices: vale, eso está bien; y en realidad los genes y los cromosomas son el efecto del karma. No son la causa, son la consecuencia. Así que, cuando vas más allá de la causalidad, ves que todo se manifiesta y se convierte en lo que es como resultado del campo. Así que, como resultado del campo, has elegido automáticamente estos genes y cromosomas particulares para expresar cualquier tendencia o propensión con la que hayas llegado a esta vida, aunque eso suena un poco teórico para el occidental promedio.

Para el oriental medio, el karma es un hecho, y todo el mundo vive su vida de acuerdo con él. Es una de las verdades profundas de la vida cotidiana. Y fíjate, el mundo parece haberse olvidado de ello. Ya sabes, como maestro espiritual práctico te diré: evita todo lo que te debilita según la kinesiología y persigue lo que te fortalece, porque lo que te debilita con la kinesiología lo ha hecho a lo largo de los tiempos, a lo largo de muchos miles de años. Los Vidyas surgieron tal vez hace diez mil años, y lo que consideramos los sistemas de creencias espirituales o sistemas de creencias religiosas modernos, eran antiguos hace ya diez mil años, porque la experiencia de la presencia de Dios, lo que llamamos la experiencia del místico, ha sido recurrente a lo largo de la historia, pero los místicos son relativamente raros. Según la kinesiología, las posibilidades estadísticas de que surja un místico son de tal vez una entre diez millones.

Pero ocurre espontáneamente de repente, y ha sido igual a lo largo de toda la historia. La realidad espiritual no cambia nunca. Aunque las religiones difieran en sus sistemas de creencias, solo difieren en eso. No se puede probar ninguna de las bases sobre las que difieren, porque cada religión surge de la subjetividad y de la descripción del místico. El ser autorrealizado informa de los mismos fenómenos una y otra vez. Solo hay una verdad y, por lo tanto, tal como se expresa desde la conciencia misma, es siempre igual. Así que los grandes avatares, los grandes sabios iluminados de todos los tiempos siempre dicen lo mismo, porque solo hay una realidad, y no hay ninguna otra. No es posible quedarse con la verdad y describirla de otro modo que como es. Así que los orígenes de todas las grandes religiones son los mismos. Entonces pasamos a estudiar las diversas religiones y también se pueden calibrar los niveles de películas, libros, escritores, programas de televisión. Por tanto, todo representa un mayor o menor grado de energía espiritual, y cuanto mayor es la orientación espiritual, el alineamiento con la verdad, mayor es la calibración.

Y así tenemos esta escala calibrada de conciencia, cuya mayor utilidad es simplemente decir "sí" o "no sí". Así que puedes decir: "Este maestro espiritual es íntegro y útil para mi vida", y obtienes un *sí* o un *no sí*. O puedes decir: "Es demasiado pronto; tal vez debería esperar en este determinado caso", y la calibración te dirá *sí* o *no sí*. Así que se puede utilizar como guía, y los estudiantes espirituales muy comprometidos con transcender el ego para alcanzar los estados espirituales más elevados la han encontrado muy útil.

Hemos descubierto que la razón por la que usamos 1.000 como tope de la escala es porque preguntamos cuál es la conciencia más elevada que había existido en el planeta. Llegamos a la conclusión de que 1.000 es el límite de lo posible dentro del dominio humano, y que en realidad el sistema nervioso humano no puede manejar la energía que calibra mucho más allá de 1.000. Buda, Cristo, Krishna y todos los grandes avatares calibraron en 1.000. No es posible sobrevivir con un estado de conciencia más elevado. Puede decirse que, cuando llegas a más de 1.000, el voltaje es demasiado alto para el sistema nervioso humano, e incluso llegar a 1.000 puede ser una agonía. Lo que llamamos *iluminación* ya ocurre en un nivel que calibra en 600. Cuando una persona entra en 600, entra en los niveles del amor —primero amor condicional, luego amor incondicional—, y entonces muchos se interesan por las vías espirituales, la meditación y las técnicas espirituales, y empiezan a practicarlas con una dedicación cada vez mayor. Y a medida que lo hacen, comienzan a experimentar la vida en un contexto transformador y completamente diferente.

En la parte alta de los 500, que son bastante asombrosos, uno se siente sobrecogido por la pura belleza de todas las cosas. La única realidad que existe es el amor. Solo hay amor; todo lo que ves es amor, todo lo que experimentas es amor, belleza y armonía. Lo milagroso comienza a suceder de manera espontánea y finalmente se vuelve continuo. Mucha gente que ha hecho *Un curso de milagros* entra en ese estado de transformación. Vas en coche a la ciudad y piensas en una plaza de aparcamiento, y cuando llegas allí, hay una plaza de aparcamiento justo delante del Lincoln Center —la única plaza—, justo cuando vas a aparcar, un coche sale y tú entras. Cuando esto empieza a suceder, lo comentas. Pero, después de un tiempo, empiezas a darte cuenta de que la vida es así. Es el milagro continuo. Lo milagroso es continuo. Y todo el mundo se vuelve increíblemente bello y hermoso, increíblemente atractivo. No es que uno se enamore, sino que está enamorado. Uno está enamorado de todo y de todos todo el tiempo. Y solo puede ver la belleza y la perfección plenas.

A continuación, el estado puede llegar a lo más alto de los 500, el éxtasis. Uno puede empezar a entrar en estados de un éxtasis indescriptible, como la apertura de un resplandor dentro de la propia conciencia, y el éxtasis es continuo. Llegado a este punto ya no puedes funcionar en el mundo. Con el éxtasis, entonces, tal como Ramakrishna lo describió —recuerdo haber pasado por ello yo mismo—, olvídate de funcionar en el mundo. Puedes bailar. Puedes bailar como expresión de un éxtasis exquisito por la alegría de la propia existencia, y ya no puedes funcionar. Y entonces uno tiene que rendir eso a Dios, y así, cada paso a lo largo del camino de los niveles de conciencia es rendir lo que se esté presentando a Dios. Finalmente, uno tiene que entregar el estado de éxtasis a Dios, y entonces alcanza el nivel 600, que es un estado de silencio infinito, bienaventuranza y una paz profunda más allá de toda comprensión. La paz de Dios está más allá de la paz psicológica o de la paz emocional. Es una dimensión diferente. Y en ese estado no tienes que comer, respirar ni funcionar. Uno goza de una dicha que está fuera del tiempo. Su nombre clásico es *Sat Chit Ananda*. Y si las cosas son favorables, el cuerpo eventualmente se alimentará, se moverá, caminará y sobrevivirá. Si las condiciones no son favorables para esa circunstancia, lo cual, francamente, es irrelevante, entonces simplemente acaba derrumbándose. Así que alrededor del cincuenta por ciento de las personas que entran en el estado latente se van.

La única conciencia que es bastante obvia en ese estado es que tienes permiso para irte. De hecho, puedes irte ahora mismo. Uno tiene permiso. ¿Qué va a hacer que el cuerpo siga funcionando? Bueno, verás, no hay necesidades ni deseos. Todo es completo y total. La dicha del estado es que todo está completo. Así que, a partir de ese momento, si el cuerpo sobrevive, ya no necesitas nada nunca. La gente te pregunta qué quieres. Bueno, yo no quiero nada. ¿Qué necesitas? Bueno, no necesito nada. Ciertas cosas serían agradables, pero no las necesitas. Y entonces uno es independiente del mundo. Lo que el mundo diga o haga en realidad es irrelevante. Llegados a ese punto es imposible funcionar, tal como lo recuerdo. Lo que sucede es que, si sobrevives, la mayoría de la gente abandona el mundo, que es lo que yo hice. Así que empacas todo y echas las herramientas en la parte trasera de tu vieja camioneta, te despides y te vas; eso es lo que yo hice. Así que dejé la consulta más grande del país y un estilo de vida muy elitista, etc., y me fui a un pueblo pequeño. En la nevera había un plátano, dos Pepsis y un trozo de queso, y estaba bien. ¿Qué más necesitas? La gente entraba y decía: "Aquí no tienes nada de comer". Y tú piensas: ¿Por qué están diciendo que aquí no hay comida? No necesitas nada. Así que consigues un catre en la tienda de todo a cien y una caja en la que poner la vela; y tienes una manzana y un trozo de queso, y todo está bien.

***

En este capítulo, el doctor Hawkins te ha proporcionado una mayor comprensión del Mapa de la Conciencia® y del proceso de calibración. Ha pintado un cuadro fascinante y vívido del cli-

ma emocional y espiritual que existe en cada paso del proceso de evolución de la energía. A medida que sigues con tus actividades diarias, tal vez quieras empezar a tomar conciencia de las elecciones que tú y el mundo que te rodea hacéis de forma constante y a menudo inconsciente. ¿Cuál podría ser el nivel de calibración de algo en el Mapa de la Conciencia®? A continuación, tal vez desees empezar a experimentar con la prueba kinesiológica.

A medida que vayas comprendiendo mejor este poderoso proceso, puedes empezar a utilizarlo como parte de tu rutina habitual. Por ejemplo, al hojear un posible libro nuevo, puedes poner a prueba si sería una adición beneficiosa a tu biblioteca actual. También puedes poner a prueba los programas que ves en la televisión o cualquier otra área que te gustase explorar más. A medida que practiques esta técnica, adquirirás una sensación más precisa de los canales que alimentan tu energía de vida y aprenderás a dejar atrás cualquier cosa que te la quite.

CAPÍTULO 3

Seguir el camino de la no-dualidad devocional

***

Cuando elegimos experimentar la vida de manera diferente, el planeta entero se abre ante nuestros ojos perceptuales. Así, el cambio empieza y termina no en lo externo, que rige con demasiada fuerza nuestra existencia actual, sino en nuestras percepciones. En este capítulo, el doctor Hawkins aborda un amplio abanico de temas. Empieza por ofrecernos la oportunidad de dar un salto de fe y percibir de nuevo nuestro sentido de Dios o de lo divino. Explica que Dios no es un personaje iracundo o vengativo que sea la causa de nuestra vergüenza, nuestros miedos y nuestro sufrimiento. En realidad, explica que la divinidad es un campo electromagnético impersonal que resuena en el amor y es la fuente infinita de toda la creación.

Aclara que necesitamos ir más allá de nuestras percepciones secuenciales y lineales, ya que nos encontramos atrapados en malentendidos ineficaces e inexactos que nos llevan todavía más al pensamiento limitado. También expone la diferencia entre poder y fuerza, y aclara que nos hemos quedado atrapados en un sistema de creencias debilitado, basado en la polaridad de los opuestos, blanco o negro, correcto o equivocado, puesto que, como él dice acertadamente, si te gusta la vainilla, no tienes por qué odiar el chocolate.

Así que tenemos conciencias muy avanzadas sentadas entre el público, personas destinadas a los reinos celestiales, a los reinos celestiales y la iluminación. De otro modo, no estarían aquí. Estarían en el partido de béisbol. ¿Por qué estás aquí?

Porque ya has elegido tu destino, y eso es lo que hace que esto sea fascinante para ti. Quiero ahorrarte unos cuantos eones de tiempo.

Bien, esto es lo que está pasando en este campo electromagnético gigante: imagínate a Dios como un campo electromagnético gigante cuyo poder es infinito, sin partes, sin neurosis, sin psicosis. No es el Dios del *Antiguo Testamento* en absoluto, sino la fuente infinita de toda creación. De lo no manifestado surge lo manifestado, que emerge como una creación continua, de modo que lo que estás presenciando es el despliegue de la creación a medida que tomas conciencia de ella, según la percepción secuencial. Pero nada ocurre secuencialmente, solo en tu percepción. Si caminas alrededor de algo, y lo ves así y asá, y como un holograma, tú no estás causando que sea así en absoluto. Al observarlo secuencialmente, la secuencia está en tu observación. La secuencia no está en el holograma. El holograma está allí. Pero, a medida que te mueves, lo ves como si se estuviera moviendo. ¿Entiendes? Es como uno de esos cuadernos infantiles, ya sabes, esos en los que están todas esas ilustraciones inmóviles pero que, al pasar las hojas deprisa, parecen dibujos animados, ves como si el tipo estuviera lanzando una pelota.

Así ves que la creación y la evolución son una misma cosa. No hay conflicto posible. La evolución es la forma en la que se desarrolla la creación. Hay un enorme campo de poder que contiene todo dentro de él. Entonces, lo que tiene el potencial de venir a la existencia es energizado hacia ella, y su fuente es la presencia infinita de Dios como creador. Todas las cosas vienen a la manifestación y a la forma. Entonces, la forma depende de la potencialidad intrínseca, que surge de su herencia kármica. La semilla yace en la tierra. Tiene la potencialidad de convertirse en una caléndula, pero no es una caléndula. Es solo una semilla en el suelo. ¿Puede algo hacer que se convierta en una caléndula? Intenta hacer que haga algo. No puedes hacer que haga nada: exijo que te conviertas en una caléndula.

No puedes causarlo, porque la causa es fuerza. La causación es fuerza. La creación es poder. Por otro lado, un poco de sol, unas gotas de lluvia, y ahora has proporcionado las condiciones en las que se manifiesta su potencial kármico, y solo puede hacerlo debido al poder infinito del campo que permite que el potencial se convierta en una realidad. Por lo tanto, la creación es continua. Lo que se está desarrollando en este momento es tu propia potencialidad kármica. Todo viene a la existencia. Nada tiene dentro de sí el poder de crear su propia existencia. Esto es lo que detiene definitivamente al ateo, que ahora solo puede volver a la causalidad y decir: "Bueno, ¿y qué hay de las bolas de billar? ¿Qué pasa con las bolas de billar?". A golpea a B, que golpea a C, que golpea a D, que golpea a E. Ya sabes cómo va.

Así que la causalidad es una ilusión. Es el núcleo del ego. Es el núcleo de la ciencia. Es el núcleo de la ley. Y calibra alrededor de 460. Tenemos la información para calibrar el nivel de causalidad, que está alrededor de 460. ¿Vas a explicar todo este universo, incluyendo a Dios, desde un nivel de conciencia de 460? Caray, ¡ese nivel apenas te llevaría a la escuela de posgrado!

Cuatrocientos sesenta. ¿Y qué hay de Darwin? La teoría de la evolución de las especies, de Darwin, calibra en 455. La explicación de la causalidad es la explicación de que todo lo que existe calibra alrededor de 460. Todo viene a la existencia en virtud de su potencialidad infinita, y la razón por la que se manifiesta —va del potencial a la realidad— es por el poder del campo. *El poder frente a la fuerza* surgió de que ya había tenido una experiencia de iluminación extrema a mis treinta y tantos, que me sacó del mundo durante muchos años. Y estaba intentando volver al mundo, aprendiendo a funcionar de nuevo, y vi una demostración de kinesiología. Cuando vi esa demostración, vi algo diferente de lo que veían las demás personas que había en la sala, lo cual, por aquel entonces, era algo bastante común, pero...

Cuando hacían la demostración de kinesiología, suponían que era una respuesta local, y para mí era muy claro y evidente que era una respuesta no local. Solo pensé en referir esa respuesta al universo. Aquí está el universo, un campo electromagnético infinito.

***

La realidad infinita es informe. El camino que enseño es lo que he dado en llamar no-dualidad devocional. Devoción significa que el amor de uno toma la forma de amar por encima de todo el discernimiento de la verdad. Y sientes un fuerte impulso, porque hace falta un impulso muy fuerte para sacarte de la dualidad y llevarte a la no dualidad, y necesitas la energía de la devoción, la inspiración, y la voluntad de darlo todo por ello, llegando incluso a la muerte física. Si hace falta morirse, está bien, uno se muere. Y así, tenemos un campo infinito de poder infinito y, dentro de él —este es el mundo de lo informe—, la energía invisible de lo informe. Así que la diferencia entre fuerza y poder es que la fuerza es lineal. La fuerza está demarcada. Tiene una forma, puede ser una molécula o algo así. Puede tener orejas, ojos, pies, cualquier cosa. Tiene estructura. Tiene forma. Por lo tanto, es limitada. Lo que tiene forma es obviamente limitado. Está limitado por la forma. Lo que no tiene forma es ilimitado.

Ahora vamos a tener la clave. Vamos a tener la fórmula, una especie de E=mc2. Esto es fuerza limitada a una forma. Y esto otro es poder, que es no dual, que es infinito. El poder no tiene limitación. De hecho, cuanto mayor es la exigencia que le impones, más se hincha y satisface la necesidad. La fuerza, en cambio, se agota. La fuerza va de aquí hasta allá. Extiende su propia energía. Tienes que avivar constantemente la fuerza con más y más energía. El dinero, los cuerpos de los soldados, los cuerpos de los creyentes, su oro, sus vidas, su sudor, tienes que impulsarlos y tirar de ellos. El Imperio romano, que es el imperio más grande que el mundo ha conocido, se agotó después de mil años. Se quedó sin oro. Simplemente se agotó; se agotó y se disolvió en el campo, y los soldados se casaron con las mujeres locales y dijeron "al diablo con el imperio".

De modo que la fuerza es limitada. El poder, en cambio, es ilimitado. Cuando defines lo que es verdad, es imposible definir la verdad sin definir el contexto, y esa es la razón por la que los grandes libros del mundo occidental, y todos los grandes filósofos que han existido, nunca han resuelto los problemas de la epistemología, porque nunca captaron esa sutileza por la que pasas de lo objetivo a lo subjetivo. Lo objetivo te llevará hasta 499, y de ahí pasas a lo subjetivo. La presencia de Dios no es algo que se pueda experimentar a través del pensamiento, sino a través de la experiencia directa. Es subjetiva.

Los niveles de la conciencia humana son más o menos tal como se han descrito a lo largo de los tiempos: desde el odio se asciende hasta el amor y después vienen los niveles de iluminación. Es más o menos comparable al sistema de chakras, en el que el odio es el bazo. En la base tenemos a gente que expresa odio: "Mata a todos los americanos" y ese tipo de cosas, así que el odio parte del nivel 70. Hay muchos seres humanos caminando por el mundo y dirigiendo países que calibran en 70. De hecho, ese nivel es casi el mismo que el del dragón de Komodo.

La energía del dragón de Komodo —a ver..., permiso para calibrar...—, está sobre 40, 45, 55, 60... Al final se queda en 60. El nivel de algunos de los dictadores recientes de nuestro mundo que tengo en mente está en torno a 45. Más crueles que un dragón de Komodo y con forma humana. Cristo dijo: "¿Cómo distinguir al lobo con piel de cordero?". Olvídate de los lobos. Puedo manejar a un lobo cuando quiera. Pero ¿un dragón de Komodo? Eso ya es cosa seria. ¿Y algunos de los dictadores recientes del mundo? Ahora sí que se está poniendo la cosa seria. Más cruel que un dragón de Komodo, y la gente les vota. Les siguen. Les siguen hasta la muerte. Entidades que calibran por debajo de un dragón de Komodo... El dragón de Komodo mata sin crueldad. Si te muerde, su mordedura es tan venenosa que se sienta y espera un par de días hasta que mueres de infección bacteriana y luego te come. Eso, en realidad, no es una intención cruel. Solo quiere comerte. Tiene hambre. No se puede culpar a un dragón de Komodo por tener hambre, ¿verdad?

Entonces, ¿cómo distinguir al lobo con piel de cordero? Se nos advirtió y se nos dijo que por sus frutos los conoceríamos, pero para cuando tienes la oportunidad de comprobar cuáles son sus frutos y realizas una investigación en el Congreso, los investigadores tienen que ir allí, y ya ha pasado mucho tiempo y han muerto mil ciudadanos más, han sido ejecutados. Entonces, ¿cómo se puede averiguar la verdad de manera inmediata? Hacemos lo que acabamos de hacer esta mañana. Cuando vi la prueba kinesiológica, vi que lo que estás viendo es una reacción del campo, un campo impersonal. Y ocurre que la conciencia misma reconoce la presencia de la verdad. Al principio pensé que era la verdad frente a la falsedad. Pensaba que distinguía lo verdadero de lo falso. No, no distingue lo verdadero de lo falso. Solo distingue lo verdadero de lo que no lo es. Esta es una gran diferencia. Sabe lo que es verdad y no reconoce lo que no lo es. Esto nos saca de la polaridad.

Fíjate qué sutil es. Te saca de la culpa espiritual de la polaridad de los opuestos, donde te gusta esto y odias aquello, y te sientes culpable porque se supone que eres espiritual. Mira, hay chocolate y vainilla. Te puede gustar el chocolate sin odiar la vainilla. ¿Entiendes? No tienes que odiar la vainilla. Solo tienes que elegir el chocolate. Puedes ser de derechas y no odiar a los liberales porque todos son vainilla. Puedes ser un liberal vainilla y no tienes que odiar a todos los conservadores porque son chocolate. Simplemente te gusta la vainilla. No sé cómo digieres ese chocolate, pero ese es tu problema.

El tipo del chocolate dice: "La vainilla es para los debiluchos. No sé si te gusta la vainilla, pero a nosotros, los hombres, nos gusta el chocolate". Así que puedes defender tu causa. Puedes decir que somos los mejores y tatuarte, hacer desfiles, pero no tienes que caer en el odio. No tienes que entrar en el odio. Llegado a cierto nivel de conciencia, tienes que disolver la llamada polaridad de los opuestos.

Al terminar este capítulo, el doctor Hawkins habla de disolver lo que llamamos la polaridad de los opuestos. A fin de dar este primer paso hacia el desempoderamiento de las polaridades que has presenciado, y de tus percepciones, tal vez desees reflexionar sobre tu vida. ¿Qué percibes como polos opuestos? ¿Con qué frecuencia tomas decisiones inconscientes? Toma nota cuando te descubras haciéndolo. En cuanto te sorprendas a ti mismo en ese sistema de creencias, tómate un momento para preguntarte: "¿Hay otra forma de percibir esto?". Dedicar tiempo a reevaluar tus elecciones puede ser uno de los primeros pasos para liberarte de los patrones de pensamiento que te han impedido progresar espiritualmente.

CAPÍTULO 4

Transcender el ego

***

En este capítulo, el doctor Hawkins describe con más detalle el ego en relación con su enseñanza, y su comprensión del mismo desde una perspectiva iluminada. Continúa su exposición sobre el surgimiento de la integridad como fuerza impulsora de la conciencia humana, a medida que la Tierra evoluciona más allá de las frecuencias de energía inferior hacia el nivel de calibración 207. Habla con más detalle del ego y de las percepciones erróneas que tenemos de él, y afirma que demonizar el ego no es una forma de trabajar con él basada en el poder. El secreto, dice, está en hacerse amigo suyo. Ese será otro paso poderoso en la evolución de tu conciencia personal y de la conciencia de la humanidad en su conjunto. Comprender el ego desde la perspectiva de la evolución natural de nuestra especie lo sitúa en un contexto más propicio. Entonces podemos volver a percibirlo como nuestros instintos animales que han seguido con nosotros mientras evolucionamos del estado reptil al Homo sapiens.

Cuando aprendemos a percibirlo desde este estado, no perpetuamos el juicio y cesa la batalla con el ego. Mientras lees este capítulo, toma nota de los escepticismos o de los juicios que puedan surgir. ¿Cuáles son tus percepciones actuales? ¿Se ajustan a la verdad? ¿O podrían ser el resultado del muro de resistencia de tu ego?

El propósito de nuestra exposición es potenciar la evolución de la conciencia, y el único propósito de los libros y las conferencias que he dado es apoyar la progresión de esa conciencia en el individuo que ha elegido cultivar un nivel superior de la misma. La gente cree que está en el mundo ordinario de la causalidad. Piensan que lo que son es el producto de su pasado. No. La realidad es que la potencialidad de aquello en lo que has elegido convertirte te empuja hacia el presente. No es lo que has sido en el pasado lo que te está empujando hasta este punto. Al contrario. Como has elegido ser aquello que está más allá de este punto, eso está tirando de ti a través de este punto. Se debe a que ya has elegido por medio de la intención espiritual.

Entonces, la gente se pregunta: "¿Qué es el karma?". Bueno, el karma solo es la consecuencia energética automática de la intención y de la decisión espirituales. Pues bien, cada decisión que tomas afecta a tu nivel calibrado de conciencia, que es una forma abreviada de decir *tu karma.* En un principio te pones en marcha por curiosidad, quizás, o por haber oído algo. Luego te encuentras automáticamente atraído hacia el crecimiento espiritual y los conceptos espirituales, y el deseo de comprenderlos y beneficiarte de ellos. Y empiezas a darte cuenta de que, a medida que creces, estás beneficiando al mundo. Eso que estás haciendo está afectando a la totalidad del mundo. El mundo entero se beneficia de ello. También podemos probar esto con la mecánica cuántica, con el principio de Heisenberg: el colapso de la función de onda comienza a afectar a todo el campo de la conciencia. Cada individuo que se compromete con el trabajo espiritual está beneficiando a toda la humanidad. Esto es una consecuencia automática de sus elecciones y decisiones, porque está colapsando el potencial en una realidad, y eso afecta a la conciencia colectiva de toda la humanidad.

Nos pareció muy interesante que, al calibrar los niveles de conciencia, nos preguntáramos: "¿Cuál es el nivel de conciencia de la humanidad?". Bueno, eso también nos llevó a un descubrimiento bastante importante. La conciencia de la humanidad ha estado progresando constantemente a lo largo del tiempo, aunque con lentitud, muy lentamente. En el momento del nacimiento de Buda, el nivel de conciencia de la humanidad era de 90. En el momento del nacimiento de Jesucristo, el nivel de conciencia de la humanidad era 100. Luego, a lo largo de los siglos, evolucionó lentamente, y a lo largo de los siglos XIII, XV y XVIII se mantuvo en 190. Se mantuvo en 190 siglo tras siglo. No se movió. Entonces, de repente, a finales de los años 80 del siglo pasado, más o menos en el momento de la convergencia armónica —no causado por ella, sino coincidiendo en el tiempo—, en el momento del colapso del comunismo monolítico y muchas otras cosas, el nivel de conciencia de la humanidad saltó de 190 a 207. Dado que 200 es el nivel de la verdad y de la integridad, ese es probablemente el evento más significativo en la historia de la humanidad, aunque pasó desapercibido. El nivel de conciencia pasó de 190 a 207. Esto cambia completamente el campo en el que vive ahora toda la humanidad.

¿Y cómo lo cambia? Bueno, en 190, la destrucción de la humanidad era inevitable. La destrucción de la humanidad era bastante probable. En caso de que Rusia perdiera la guerra, la gran megabomba que iba a destruir a la humanidad entera tenía una probabilidad considerable. Ahora, en 207 hay todo un nuevo paradigma de la realidad. En el mundo en que crecí, en la década de 1930 y a lo largo de ese siglo, el objetivo de la vida era el éxito. Se suponía que tenías que ganar dinero, tener éxito, ir a la universidad, hacerte un nombre. Así que el gran objetivo de la sociedad era el éxito. Ahora, en 207, vemos todo un cambio de paradigma. Ahora la gente no está interesada en tu éxito. Puedes comprar algunas acciones y ser millonario mañana, ¿y qué? No. Ahora lo que nos interesa es la integridad, de tal modo que, cuando han rodado cabezas en grandes corporaciones ha sido por falta de integridad. Vemos que a los políticos se les reclama integridad. El éxito, el valor monetario y tener un coche grande, y todas las cosas que solían hacer feliz a la gente en los años 50 ya no son suficiente. Ahora la gente se fija: "¿Cuál es la integridad de esta empresa?". "¿Cuál es la integridad de este político?". Nos fijamos en su veracidad, en cómo respaldan sus declaraciones.

La integridad es la nueva señal del valor social. Queremos invertir en personas, políticos y profesores que hayan demostrado su integridad. ¿Cómo se puede demostrar? Una forma de demostrarla es calibrando su nivel de ella. La integridad tiene poder. La falta de integridad puede tener fuerza, fuerza monetaria por un momento, pero se derrumba. No puedes basar tu vida en el éxito, y por lo tanto, el nuevo paradigma de valor es la integridad. Y ahora todo el mundo va a ser medido por su integridad: cómo de íntegro eres como profesor, como maestro espiritual, cómo de íntegra es una universidad. Y cuando calibras todas estas cosas, ves dónde se ha vendido la integridad. Hemos calibrado muchas, muchas cosas. Puedes ver dónde aparece cualquier compromiso con la integridad en este gráfico. Así que, como ahora puedes medirlo y distinguir entre verdad y falsedad, creo que tendremos un nuevo criterio por el que el ser humano crecerá más rápido que antes.

Hemos visto que durante siglos el nivel se mantuvo en 190. No hubo movimiento. Desde un punto de vista histórico, cuando la gente dice que ocurrieron grandes acontecimientos... Bueno, grandes acontecimientos desde un punto de vista perceptual, pero no desde un punto de vista espiritual. Ahora el ser humano está en una nueva dimensión, y el nivel 207 es crítico porque basta una pluma para inclinar la balanza de la energía negativa a la positiva. Cada decisión espiritual que tomamos inclina la balanza hacia el lado positivo, y eso cambia totalmente el destino de nuestra vida. Si estás en el mar, un cambio de un grado en la brújula puede no parecer mucho, pero después de un par de días de navegación, terminarás en otro continente, así que un grado marca una gran diferencia. La libertad de elección, la elección espiritual, es a lo que nos enfrentamos instante tras instante. Estamos constantemente diciendo sí o no a nuestras elecciones, y a continuación esas elecciones determinan nuestro nivel espiritual, nuestro nivel calibrado de conciencia y nuestro destino kármico.

***

Esto me llevó a convertirme finalmente en maestro espiritual, porque así es como me llamáis. Quería compartir mi propio estado subjetivo y lo que había descubierto, y también cosas que nunca se han dicho antes. A lo que enseño ahora lo llamo no-dualidad devocional. *Devocional* porque uno está enamorado de la verdad, está enamorado del camino hacia Dios a través de la verdad, y *no-dualidad* significa que para alcanzar un estado de iluminación uno tiene que trascender el ego. El ego es dualista por naturaleza. El pensamiento humano es dualista por naturaleza. Hay un "esto o aquello", por lo tanto, el estudiante espiritual suele empezar por enfrentarse al ego y a lo que tradicionalmente se ha llamado pecado, y ha recibido todo tipo de malos nombres. Así que lo primero que deseo que el estudiante entienda es la naturaleza del ego y que se haga amigo de él. ¿De dónde viene el ego? Hay que dejar de demonizarlo. No puedes verlo como un enemigo. El ego no es más que la naturaleza animal. Cuando observas el reino animal, todo lo que ves es lo que se llama el ego humano. Cuando lo vemos en un animal, simplemente decimos que es la naturaleza animal, pero cuando lo vemos en un humano, decimos: "Oh, no, ¿no es horrible?". Pues no. No es horrible.

El cerebro animal sigue activo en la parte posterior del cerebro humano. Antes de hacernos humanos, evolucionamos, la conciencia se desarrolló a lo largo de grandes eones de tiempo hasta el mundo animal, desde formas de vida muy primitivas. Se comenzó desde lo rapaz, lo que vive de la muerte de otros, como el mundo del reptil. Luego surgen los mamíferos, y con ellos, por primera vez, el amor. El amor no surge en este planeta durante millones y miles de millones de años, no hasta que aparece el mamífero. Cuando realmente ves a la madre pájaro cuidando de los huevos y de las crías, en realidad empiezas a ver al mamífero. No ves el amor hasta que ves la aparición de lo maternal. El amor no aparece hasta que ves la preocupación de la madre por el niño, el bebé, el polluelo. La leona tiene, incluso, que proteger a los cachorros del león macho, así que el amor paternal no está aún, de manera destacada, al principio de la evolución del mundo animal.

Ves que el amor empieza a surgir como expresión de lo maternal, y luego se empieza a ver el amor florecer con el paso de los siglos. Y el amor romántico, que hoy damos por sentado, es algo bastante reciente. La gente no se casaba por amor romántico. Se casaban porque la familia lo arreglaba; los reyes y reinas de Inglaterra, con todo su poder, no eran libres de elegir el amor. Ellos pensaban que el matrimonio es una cosa y el amor otra, así que el amor romántico, tal como lo vemos hoy, es algo muy reciente y moderno.

De todos modos, cuando la gente se adentra en el trabajo espiritual, siempre se preocupa por superar el ego. Así que primero lo recontextualizamos como un residuo del animal dentro de nosotros. El viejo cerebro animal sigue presente en la parte posterior del cerebro humano, y el córtex prefrontal es una aparición bastante reciente. Si calibras el nivel de conciencia de los homínidos a medida que evolucionaron en el tiempo, ves al Cromañón y ves al Neanderthal. El Neanderthal calibra en torno a 75, a un nivel realmente animal. Aunque es capaz de hablar, sigue siendo más o menos un animal. Así que solo con la aparición del cerebro anterior y la corteza prefrontal se empieza a ver la ética, la moralidad, y la conciencia espiritual como tal.

Lo que el hombre intenta hacer es trascender el dominio de los instintos animales. Si lo sacas del punto de vista del pecado y empiezas a verlo como animal, ¿cómo es un animal? Bueno, puedes ver el ego humano en exhibición en cualquier zoológico. Vas a la isla de los monos en el zoo y ves territorialidad, ves bandas. Se juntan en grupos y luego se pelean por el territorio, así que ves las guerras territoriales, que son los titulares de cada día en Oriente Medio o en cualquier otro lugar del planeta. Siempre hay una guerra territorial. Y luego ves la explotación y la subyugación de los débiles. Ves el engaño, la mentira y el camuflaje, y así todo lo que ves en los titulares de hoy es la isla de los monos bajo una expresión humana.

Por lo tanto, el trabajo espiritual consiste en superar el egoísmo, evitar centrarse en uno mismo, evitar el egocentrismo en sus diversos disfraces. ¿Cuáles son estos disfraces? Bueno, la compulsión por tener, poseer, tener éxito, ganar, y todas las cosas que conocemos como egocentrismo. Entonces, ¿cómo empieza uno a trascender eso? La gente dice: "Me interesa evolucionar espiritualmente. ¿Qué puedo hacer desde un punto de vista práctico?". Porque todo lo que acabas de describir puede sonar muy avanzado y muy teórico, y muy imponente para alguien que no esté familiarizado con el trabajo. En realidad, este trabajo se vuelve bastante fácil. Cuanto más lees sobre él, más tienes la sensación de que siempre lo has sabido. Y, por supuesto, lo sabes desde el principio, pero la cuestión es cómo llevarlo a la vida cotidiana.

La gente dice: "¿Cómo puedo crecer espiritualmente? ¿Tengo que ir a algún sitio? ¿Tengo que conseguir un gurú? ¿Tengo que unirme a un grupo de meditación? ¿Tengo que recitar mantras o qué?". No, no tienes que hacer nada de eso. Es tan simple que se pasa por alto todo el tiempo. Es tomar la decisión de ser amoroso y amable con la totalidad de la vida, incluida la tuya, en todo momento, pase lo que pase. La decisión de perdonar, de ser amable, de ser aquello que apoya la vida, de modo que eso se convierte no en lo que haces, sino en lo que eres. Te conviertes en aquello que apoya la vida, apoya todos los proyectos. Animas a los que necesitan apoyo y te conviertes en la energía de la vida misma. Te conviertes casi en la manifestación de la madre divina, así como del padre divino; es la fusión de los dos. Eso que nutre, al mismo tiempo que exige excelencia, así que el camino de la no-dualidad es la devoción a los principios espirituales. Y cuando te vuelves devoto de los principios espirituales, te enfrentas cara a cara con la propensión de la mente a lo uno o lo otro, bueno o malo, liberal o conservador. Te enfrentas constantemente a las llamadas polaridades, y para alcanzar un estado muy avanzado de conciencia, es necesario trascender las polaridades de lo uno o lo otro.

Un curso de milagros es muy interesante porque se basa en el poder del perdón. La gente dice: "Bueno, ¿cómo puedo perdonar a alguien que es tan malo?". Recuerdo que una de las primeras lecciones decía que mis pensamientos no significan nada, y en cuanto leí eso dije: "Hombre, esto es genial. Esto es genialidad espiritual." Quiero decir, tienes que estar muy, muy avanzado para ver la verdad de eso. Y así que salí de inmediato y me dije: "Vaya, esto es genial. Mis pensamientos no significan nada", porque en un estado avanzado, eso es un hecho. Sabes que tus pensamientos no significan nada. Están ocurriendo espontáneamente, y de todos modos no son lo que eres, así que realmente no significan nada. Es obvio que cualquier significado que tengan es el significado que tú les has dado, porque en sí mismos son solo construcciones, construcciones a tu servicio, y no sirven a ningún gran propósito. Sobrevivimos a pesar de la mente, no gracias a ella. Todo el mundo piensa: "Bueno, si dejara de pensar no sobreviviría". No. Si dejaras de pensar sobrevivirías mejor de como estás sobreviviendo ahora, porque todo está sucediendo espontáneamente.

Desde que tenía, no sé qué edad, 35 años o así, cuando se produjo ese profundo cambio de conciencia, todo ha sucedido espontáneamente por sí mismo. La mente está automáticamente bajo el control del espíritu, y si necesitas recordar que tienes que coger el paraguas, la mente te lo recuerda y eso se debe a que la supervivencia lo requiere. La supervivencia de uno viene del espíritu.

***

En la investigación de la conciencia hemos descubierto cosas muy interesantes, cosas que me gusta compartir con la gente porque alivian mucha ansiedad sobre la vida. Descubrimos, por ejemplo, que el espíritu humano no entra en el embrión hasta el tercer mes de embarazo, así que este pequeño ser humano en potencia es solo un pequeño embrión, y el espíritu no entra realmente en él hasta el tercer mes. Bueno, eso fue algo interesante que nadie había descubierto. También descubrimos que el momento exacto de la muerte está fijado kármicamente. Desde el instante en que naces, el momento de tu partida ya está establecido. También descubrimos que en el momento en que naces, ya tienes un nivel calibrado de conciencia, y, de hecho, esa conciencia no cambia en el tiempo de una vida humana mucho más de cinco puntos. La mayoría de la gente avanza unos cinco puntos en toda una vida. Así que en el momento mismo del nacimiento un bebé calibra en 240, otro en 460 y otro en 92. De acuerdo con la comprensión del karma, debe haber alguna razón por la que los espíritus humanos entran en la dimensión física con niveles de conciencia completamente diferentes.

También hubo algo interesante que aprendimos del momento en que uno se va. Descubrimos que, si vas a ser incinerado, es mejor esperar tres días, porque el espíritu, cuando abandona el cuerpo, muy a menudo necesita un par de días para acostumbrarse al duelo de dejar esta dimensión física y todo lo que está asociado con ella antes de estar listo para seguir adelante. Nos pareció un descubrimiento interesante: espera tres días. Solo hay una muerte posible que se pueda experimentar, y cuando llega ese momento, si trasciendes el ego, si realmente te concentras en el trabajo espiritual, en la meditación, en dejar ir y en entregar todo a Dios conforme surge cada sentimiento o pensamiento, estás mostrando que tienes voluntad. La devoción a la verdad significa tener la voluntad de entregar cualquier cosa a Dios a medida que surge, sin aferrarse a ella, sin querer agarrarla, sin tratar de anticiparla. Vivir en la ola que avanza y no aferrarse al pasado en la parte posterior de la ola, sino permanecer justo en la cresta de la ola de lo que está pasando mediante la experiencia consciente del momento existente.

Hemos de estar dispuestos a entregar todo a Dios a medida que surja, a no aferrarnos a nada, a no intentar alcanzar el futuro y a no aferrarnos al pasado. Con el tiempo empiezas a trascender la cresta de la ola, y empiezas a ver que el pensamiento surge de algún aspecto básico de la mente. Hay como una compulsión de pensar. Hay como una energía del pensar, un deseo de pensar. A medida que uno comienza a entender que el pensamiento surge por sí mismo, también comienza a discernir que la conciencia, el pensamiento, y todo el campo no es tu yo personal. Así que la evolución espiritual comienza a despegar cuando dejas de identificarte con la dimensión física del cuerpo y te das cuenta: yo no soy un cuerpo físico. Te das cuenta de que no eres los instintos animales del ego. Empiezas a ver que la mente sucede por sí misma. Si tú fueras tu mente, podrías decirle que se detuviera. La gente dice:

—Mis pensamientos me están volviendo loco.

Y yo digo:

—Bueno, entonces, ¿por qué no los detienes?

—Lo cierto es que no puedo.

Y entonces les respondo:

—Sí, eso es así porque tú no eres tu mente.

No eres tu cuerpo físico y no eres tu mente. Si fueras tu mente, podrías decir "basta" y ella dejaría de pensar. Ahora puedes decir: "Mente, párate", y ella te ignora completamente. Así que la mente no debe ser lo que tú eres. Si fuera quien eres, te obedecería al instante. No lo hace, tiene vida propia. Vaya.

Así que hay algo que en realidad es ajeno, algo que no eres tú, que está funcionando y a lo que estás prestando atención. Todos estos pensamientos están sucediendo por sí mismos. De esta manera empezamos a avanzar realmente en la conciencia. Y, en ese punto, la gente muy a menudo se interesa por la meditación, pues el único propósito de la meditación es sentarse tranquilamente y observar cómo funciona la mente. A medida que lo haces, ves surgir estos pensamientos y sentimientos, y si dejas de resistirte a ellos y simplemente empiezas a entregarlos, llegas a la comprensión de que los pensamientos surgen de un campo de energía que está dedicado a la creación del pensamiento, de los pensamientos. Empiezas a darte cuenta de que estás enganchado a ellos. Es realmente una adicción. Eres adicto a ese entretenimiento. Así que nos lamentamos de la mente. Decimos: "Oh, sufro. Ojalá pudiera olvidar esto y aquello". Eso no es verdad, porque si realmente quisieras, la detendrías. Lo que le da al ego su aparente dominio sobre nosotros es que él no sobrevive en el amor. Sobrevive en lo que *no* es amor. De lo que sobrevive es del jugo que saca de sus posicionamientos. Ahora estamos llegando a alguna parte. No puedes renunciar al amor, al odio, al miedo, a los celos y a todas esas cosas solo porque tú lo decidas. Tienes que desmantelarlo. Así que la no dualidad significa que empiezas a desmontar la mente para ver qué la hace funcionar. Una vez que entiendes lo que la hace funcionar, de dónde obtiene su jugo, entonces tienes una oportunidad.

No dualidad significa que empezamos a observar el pensamiento y vemos que lo que propaga la interminable sucesión de pensamientos es la recompensa que obtenemos de ellos. Dices: "Pero yo no obtengo ningún beneficio de la culpa y el sufrimiento". Oh, sí que lo obtienes. ¿Cuál es el beneficio que obtienes de la culpa y el sufrimiento? El beneficio es la culpa y el sufrimiento. Ellos son su propia recompensa. Consigues sentirte horrible. Sientes: "¡Oh, pobre de mí!". En primer lugar, obtienes la satisfacción del egocentrismo. Consigues examinar la maravillosa entidad llamada yo, con sus dramáticas vicisitudes. El gran drama de la propia vida pasa por la cabeza de uno, y uno se queda embelesado con él. Lo que ocurre es que el ego crea estos pensamientos y sentimientos, y se propagan debido al jugo que les sacamos. Así que no tienes que renunciar a pensar ni a los pensamientos. Lo único que tienes que abandonar es el jugo del ego. El jugo de castigarte a ti mismo y el jugo de sentirte bien por ello. Piensa en el jugo que le sacas a sentirte honrado y virtuoso.

Presta atención al victimismo. El victimismo es el mayor negocio en el mundo de hoy. El victimismo es lo que domina en las ondas de radio, en los tribunales, en la política. Se trata de ser una víctima, y hay una enorme competencia por ser la mayor y mejor víctima del momento. Ser agraviado es maravilloso. En el mundo actual no puede pasarte nada mejor que ser agraviado. Todos los políticos pueden subir ahí, y golpear y aporrear, y los abogados litigantes pueden decir: "Esta pobre mujer estaba caminando por la calle y hubo un accidente, y ella tuvo un ataque al corazón, por lo que el accidente en la calle le causó el ataque al corazón". ¿Cómo es que el accidente en la calle le provocó un infarto a esta señora? Hay una gran recompensa en el victimismo, porque ese gran ruido que se produjo ahí fuera le provocó un *shock,* y entonces tuvo un infarto. No has de mencionar el hecho de que ha estado comiendo en exceso durante cuarenta y dos años y su presión arterial era de 180/120. No, solo el hecho de que hubo un accidente allí fuera.

Así que ya ves que tenemos este juego de las recompensas. Este es el juego del ego dentro de nosotros. Obtienes la recompensa de sufrir y sentirte mal. Y tú te preguntarás: "¿Acaso eso es una recompensa?". Por supuesto que sí. Si no consiguiéramos nada sufriendo, dejaríamos de sufrir. Si no obtuviéramos algo del miedo... Con el miedo consigues estar aterrorizado. Como ves, el ego vive —ha aprendido a vivir— de lo negativo. Es como un animal que ha sido forzado por la migración a mudarse donde no hay hierba ni hojas verdes, y ahora ha aprendido a vivir de los cactus. Tenemos animales así en Arizona. Aprenden a vivir de los bordes de los cactus. Así que el ego, privado de la nutrición del amor, ha aprendido a vivir y a sobrevivir. Sobrevive a través del odio. El ego se alimenta de su propio jugo. Se propaga a sí mismo, y puedes ver que son pocas las personas que están dispuestas a renunciar a él.

Si preguntamos qué porcentaje de la humanidad está por debajo de 200, obtenemos el 85 %. El 85 % de la población de este planeta está por debajo de 200, dedicada a lo que no es íntegro, y sobrevive de dedicarse a lo que no es íntegro. Y así, todos los pacifistas, con sus desfiles y plataformas, y su música, no cambian la mentalidad de nadie porque hay continentes enteros que se alimentan, sobreviven y viven de la falta de integridad. Nada suena más disparatado e inmaduro que los pacifistas desfilando y pidiendo al resto del mundo que se *suicide,* es decir, que renuncie a la razón de ser de toda su vida. Su vida gira en torno al odio, la venganza, la autocompasión, el sentirse superior y el machismo en términos políticos, de modo que la base de la supervivencia del 85% de la población no es íntegra.

¿A qué público llega la gente que habla de paz mundial y todo eso? Bueno, te diré quién es su público. Es gente que ya está allí, gente que ya ha elegido eso como su estilo de vida. Aplauden y aplauden, ¿y eso cambia algo? No, porque esa gente ya está allí. Es como la gente que va a escuchar música clásica, a ellos ya les gusta la música clásica. No conviertes a los amantes del rock a la música clásica llevándoles a escuchar algo de Verdi. Entonces, ¿cómo progresa la conciencia de la humanidad?

Todo el continente africano calibra desde 40 hasta tal vez 160 en el norte de África, y Oriente Medio, en 180 o 190. Ni siquiera se llega a 200. Acabamos de hablar de todo un continente en el que ni un solo país supera los 200, ni uno solo. De modo que esto nos devuelve a las realidades políticas, a la realidad de la investigación de la conciencia y su aplicación en la vida cotidiana, incluyendo la política y la economía. Así es como sales de la ingenuidad y empiezas a ser consciente de con quién estás hablando.

En el diálogo político, por tanto, hemos de tener una comprensión más razonable de con quién estamos hablando. Y es vergonzoso escuchar a uno de nuestros políticos hablar con un gran político de otro país con una terminología totalmente inaceptable. Mira, si alguien calibra en 90 y le estás hablando de democracia, del voto y todo ese tipo de cosas, hazte cargo de que le estás hablando a gente que se muere de hambre por la próxima comida. Así que la democracia suena como algo sin sentido. Por tanto, la investigación de la conciencia es de gran valor —no solo en la evolución espiritual sino en la vida cotidiana— para hacernos más conscientes de cuál es la realidad espiritual de la vida humana en sus diversas expresiones en el mundo de hoy. Vimos cómo evolucionó desde el principio de la vida en el homínido, y luego ascendió a través del reino animal; ahora ha avanzado y hemos llegado a un punto en el que está emergiendo una nueva conciencia, a la que yo llamo *Homo spiritus*. El *Homo erectus* aprendió a caminar sobre dos pies; el *Homo sapiens* aprendió a pensar con el córtex frontal; el *Homo spiritus* va más allá del intelecto, pues calibra en 500 o más, es consciente del campo, no del contenido del campo —del ego y la forma, y del paradigma newtoniano—, sino que es consciente y experimenta el poder y la realidad del dominio espiritual, que calibra en 500 o más.

Así, el emerger del amor se convierte ahora en un campo más emergente y dominante, que influye más profundamente en el comportamiento humano.

El doctor Hawkins termina este capítulo introduciendo el concepto de la nueva humanidad evolucionada conforme calibramos más allá del intelecto y entramos en el dominio es-

piritual de los 500. Él denomina a este estado Homo spiritus. *Tómate un tiempo para imaginar qué ramificaciones podría tener este estado evolutivo. ¿Cómo cambiaría tu vida? ¿Cómo se transformaría la Tierra? Déjate guiar por la imaginación mientras abres la percepción a un mundo de resonancia superior, a una Tierra más pacífica y poderosa.*

CAPÍTULO 5

La energía de la vida es indestructible

El miedo es quizá una de las mayores emociones con las que luchamos en nuestra vida. Es el núcleo desde el que se toman muchas de nuestras decisiones, tal vez más de las que nos damos cuenta. Quizá quieras empezar a investigar tus miedos.

El miedo desempeña un papel clave en cómo percibimos el ciclo vital. Las circunstancias que rodean al nacimiento y la muerte siempre han sido un gran misterio para la mayoría de nosotros. A menudo nos encontramos luchando con los miedos que surgen cuando nos enfrentamos al desconocimiento que envuelve a la experiencia de la muerte. En este capítulo, el doctor Hawkins comparte algunas interesantes comprensiones que ha adquirido sobre el nacimiento y la muerte, muchas de las cuales resultan sorprendentes y tranquilizadoras.

Hay algunas cosas que pienso que toda conferencia siempre debe incluir, y entre ellas están las respuestas al nacimiento y la muerte. Porque no quiero que te preocupes por ellos. Puedes dejar de preocuparte por la muerte para siempre.

Lo primero que descubrimos es que, al nacer, la gente ya tiene un nivel calibrado de conciencia. Sin karma, cómo explicarías que este nazca ya en el nivel 400, que este ya sea casi un santo, y este otro apenas llegue a 40, apenas sobreviva. Ahora mismo estoy trabajando en un mapa del mundo, y verás continentes enteros, y cómo se distribuyen los niveles de conciencia en cada continente. Si tomas América del Norte, el nivel es 431. Si tomas México, 400. Si bajas a Sudamérica, allí están en 300. Toda Sudamérica está muy bien, en los 300, excepto Haití. De repente, *bang,* Haití está como en 55 o algo así, justo en medio del hemisferio occidental. Alaska, 410, América Central en los 300. Así que el hemisferio occidental está en muy buena forma, excepto que justo en el medio está Haití, que calibra en 55. Tienes suerte si consigues vivir allí hasta los 12 años.

A continuación das la vuelta al mapa, al otro lado de la hemiesfera, y ves a Europa en el nivel 300. Y Rusia, la parte superior de Rusia, como en 300. Miras a China, más o menos en 400. Miras a Corea del Norte y del Sur, en los 400. Y luego llegas a Oriente Medio y bajas a 180. Allí todos están en 180, 140, 150. Después bajas a África, 125, y sigues bajando a 90, 70 e incluso a 40. Es como si la conciencia de la humanidad casi estuviese distribuida geográficamente en ciertas áreas, como si en el punto de manifestación kármica como ser humano entrases en aquello en lo que estás destinado a entrar. Así que nos damos cuenta de que las personas ya tienen un nivel calibrado de conciencia en el mismo momento de nacer. Naces con él. Más adelante descubrimos que el nivel de conciencia calibrado no es algo que se te asigna, sino que depende de las vidas anteriores, y que el momento exacto de la muerte ya está predeterminado. No cómo vas a morir. Eso depende de ti. Puedes irte con gallardía o lloriqueando.

Puedes irte como un gran guerrero. Recuerdo que en ciertas vidas me fui como un guerrero. Fue extático. Cuando asciendes por encima de cierto nivel de conciencia, recuerdas esas vidas anteriores. Es solo un recuerdo consciente, porque, como sabes, todo es una única vida. No es que sea una vida y que se acabará. Todo es una sola vida. Pero ya se lo he dicho antes a la gente: nunca olvidaré a aquel guerrero, y a mí mismo, cuando nos fuimos; nos matamos el uno al otro. Él era fantástico. Era el mejor guerrero que había, y yo también, y nos fuimos en un estado de éxtasis. Yo lo maté por Jesús y él me mató por Alá, y los dos nos echamos a reír histéricamente. Fue muy divertido.

Así, el momento de la muerte puede cumplir cierta función porque, a menos que trasciendas el miedo a la muerte física, a menos que estés dispuesto a morir por aquello en lo que crees espiritualmente, estás limitado. En el momento en que mueres por aquello en lo que crees, das un salto hacia arriba. Por eso el piloto kamikaze calibra alto. Todos lo admirábamos. Todavía lo hacemos, porque así fue la Segunda Guerra Mundial. Si me encuentro con un antiguo piloto kamikaze, me siento muy honrado cuando nos saludamos inclinándonos el uno hacia el otro. Ambos hicimos lo que hicimos por un propósito superior: lealtad a la patria, lealtad a Dios. Así que se trata del momento exacto de la muerte y de cómo eliges morir. La mayoría de las personas hacen que ese momento sirva a algún propósito kármico. Eso es lo que hacen los que son inteligentes. Sacan algún provecho de ello, pues ven que van a tener que morir de todos modos. No quiero que la gente se preocupe por la muerte. El momento de la muerte —tenemos permiso para preguntar esto frente a esta audiencia—; oh, Señor, el momento exacto de la muerte está kármicamente determinado en el mismo momento en que naces. Esto es un hecho. Lo hemos confirmado una y otra vez, miles de veces. Así que el momento exacto de la muerte, no el cómo, sino el cuándo, ya está fijado. En consecuencia, no tienes que preocuparte por la muerte. Eso ya está resuelto.

No tienes que preocuparte por vivir, porque si está kármicamente establecido que vas a morir, entonces, de alguna manera, tienes que vivir para llegar allí, ¿cierto? No vas a morir hasta los 63, entonces no tiene sentido preocuparse por ser atropellado a los 62, porque no te irás de aquí hasta los 63. La gente se preocupa por todo tipo de problemas de salud, y yo te digo que estás sujeto a lo que tienes en la mente, y si quieres creer que eso es cierto, puedes ponerte enfermo con todo tipo de creencias negativas. Hay toda una industria del llamado terrorismo de la salud, y es una industria próspera. Obtienen una secreta y cruel satisfacción de verte retorcerte de miedo, de programarte. Te digo que no vas a vivir ni un día más, así que mejor vive tu vida y deja de preocuparte por la muerte.

Muy bien, volvamos a los niveles de conciencia. Descubrimos que lo que yo pensaba que era la diferencia entre verdadero y falso resultó no serlo. Resultó que la conciencia, que controla el campo de energía del aura e irradia hacia abajo a través del sistema de acupuntura, es una energía muy rápida. Si algo es verdad, tu brazo se fortalece al instante. Es una respuesta muy rápida. No te quedas ahí y sigues presionando durante cinco minutos; comprobarás que cuando lo haces, es muy rápido. Después de haber hecho lo que, nosotros hemos hecho muchas veces, en presencia de la verdad, puedes sentir la energía de la verdad fortalecer tu brazo y fluir por él. Casi sabes la respuesta porque sientes la energía de la respuesta bajando por tu brazo. Si no es verdad, en presencia de la falsedad, de lo que el mundo llama falsedades, en ausencia de la verdad, tu brazo se debilitará. Es impersonal. Se podría decir que es una respuesta protoplásmica. La vida reconoce lo que es amistoso con ella.

***

La energía de la vida misma no puede ser destruida. Existe la ley de la conservación de la energía y la materia, y también la ley de la conservación de la vida, que es aún más poderosa y dominante. No se puede matar la vida. Puedes forzarla a pasar de una forma a otra. Cuando matas una mosca, ella ni siquiera lo nota. Sigue volando en su cuerpo etérico y ni siquiera lo nota. Si has estado fuera del cuerpo —¿cuánta gente ha estado fuera del cuerpo?—, sí, apenas lo notas, ¿verdad? En un momento estás tumbado en la cama y al siguiente estás flotando por la habitación. Es fantástico. ¿Quién quiere volver al cuerpo? Yo no quería volver allí. Miras al cuerpo allí abajo, así que no experimentas tu propia muerte física. No es posible.

En el momento en que está previsto que la vida abandone el cuerpo, abandona el cuerpo, y tú presencias el cuerpo muerto ahí abajo. Es un *ello* que está allí, y el *tú* está aquí. Cualquiera que haya salido del cuerpo sabe que el tú está aquí, y que el cuerpo es un *ello* que está allí. No tienes que preocuparte de matar microbios cuando inhalas y exhalas, ni de que, al andar puedas pisar un mosquito. Veamos. Lo que acabo de decir es un hecho. La mosca ni siquiera se da cuenta de que acaba de dejar la dimensión física. Te lo he dicho, ni siquiera lo nota. Sigue volando. Vuelve con otro cuerpo. Es como mi gato. Me he dado cuenta de que el gato pasa mucho tiempo soñando cuando duerme. Está soñando. ¿Cree que su vida onírica es real? Sí. ¿Cree que es más o menos real que esta vida? Está esta vida, que es divertida, y luego vuelve al sueño con sus amigos gatitos, y piensa que eso también es divertido, y, ya sabes, todo es una vida. Porque la realidad es subjetiva, no es objetiva. Los científicos dirán: "Bueno, la vida real del gatito está ahí, en tu casa, y su vida de sueño no es real". Pero ya ves lo limitante que es el intelecto. Lo siento por los científicos. Yo he sido uno de ellos.

Eso es lo que me llevó a las profundidades del infierno en busca de la verdad, porque no podía encontrarla en el intelecto. Tengo suficientes libros en casa para iluminarme 23 veces, sí. ¿Habéis leído todos el contenido completo de los grandes libros del mundo occidental? ¿Alguien lo ha hecho? ¿No? Pues es una vergüenza.

Acabo de ahorrarte mucho tiempo. La clave no está ahí, en esos libros. Saberlo me habría ahorrado un viaje al infierno. Aquello que te hace crecer fuerte calibra en 200 o más. Aquello que te permite debilitarte está por debajo de 200; ahí está el 85 por ciento de la población mundial. El máximo nivel de conciencia posible en este planeta es de 1.000 y es extremadamente raro. Se da quizá una vez cada varios cientos de años. Una de cada diez millones de personas llega a los 600. El 0,4 % de la población mundial llega a 540, que es el amor incondicional. A 500, al chakra del corazón, a ser amoroso, llega el 4% de los habitantes del mundo. El cuatro por ciento de la población mundial se expresa desde el corazón. Y el 0,4 actúa desde el amor incondicional. Así que vemos lo rara que es la santidad. Por eso la celebramos. Si la santidad fuera común, no escribiríamos libros sobre los santos. Son escasos.

Muy bien, entonces, ¿dónde está la mayor parte del mundo? Prácticamente no hay nadie en este extremo superior de la escala. ¿Por qué el mundo no bascula hacia abajo? La progresión de estos números es logarítmica, 10 por 10 por 10 por 10 por 10, el poder en la cima es tan enorme que puede contrarrestar toda la negatividad de todo el mundo; un ser en el nivel 1.000 anula toda la negatividad de todo lo que hay en el planeta. Un avatar en 1.000 contrarresta toda la negatividad de la humanidad. Estados Unidos calibra en 421. Nuestra sociedad está en los 400: el intelecto, ir a la universidad, ser responsable, pagar las facturas, la decencia... El nivel 400 es la razón, así que esperamos que la gente sea razonable y lógica. Puedes ver lo idiota que es esta posición.

Lo que quiero decir, amigos míos, es que Oriente Medio vive aquí (180) y nosotros vivimos aquí (421). ¿Creéis que van a mantener el acuerdo que firmen con vosotros? En su momento, Adolf Hitler firmó un acuerdo de paz con el ministro de asuntos exteriores de Inglaterra. Ese gesto estuvo en alrededor de 185 o 190, y Hitler, en ese momento, estaba en algo así como 80. No tienen ninguna intención de mantener el acuerdo porque no viven según la razón y la ética. Traes a casa un tratado de paz firmado por Adolf Hitler, y él se desternilló de la risa cuando salieron de la firma. ¿Crees que lo va a cumplir? ¡Qué idiota! Es como tratar con un traficante de drogas: "Sí, te debo veinte millones de dólares por este cargamento de cocaína. Claro, los tendré el lunes". Puedes aguantar la respiración esperando el cheque. Esto es lo que hemos estado haciendo en las relaciones internacionales. Puedes ver que han fracasado a lo largo de los siglos por no entender el nivel calibrado de conciencia del interlocutor con el que estás hablando. Si las personas con las que hablamos están en los 400, cumplirán el contrato, porque en el mundo de la razón y la lógica existe la ley. Existen los contratos. Toda la gente habla de acuerdos internacionales. Es cómico. ¿Acuerdos internacionales con quién? Esa gente piensa que son una broma.

Vemos dónde está la masa de la humanidad. En este momento, el nivel de conciencia promedio es de alrededor de 207. De acuerdo. Así que analizamos, ¿cuál ha sido el nivel de conciencia de la humanidad a lo largo de todos los tiempos? Y si vamos muy atrás en el tiempo, al hombre de Neanderthal, obtienes un nivel 70. El hombre de Cromañón, el *Homo erectus*; rastreas la evolución de la conciencia a través del homínido. Esos somos nosotros, amigos míos, los homínidos. Y empiezas a ver que en el momento del nacimiento de Buda, el nivel de conciencia de la humanidad era de 90. En el momento del nacimiento de Jesucristo, el nivel de conciencia de la humanidad era de 100. A lo largo de los primeros siglos

—siglo xv, siglo xviii—, si vas siglo a siglo, verás que el nivel de conciencia de la humanidad era de 190. El nivel de conciencia de la humanidad continuó manteniéndose en 190 durante los años 1900, 1950, durante la Segunda Guerra Mundial y, finalmente, a finales de los años 80 del siglo pasado, de repente saltó de 190 a 207.

Volvamos a los niveles calibrados. Así que el nivel de conciencia de la humanidad ha estado por debajo del nivel de integridad a lo largo de todos esos siglos. Eso explica a Iván el Terrible, la Inquisición, las hordas mongolas bajando y masacrando a la gente por millones. Los mongoles no te conquistaban. Solo te masacraban. Luego hubo un gran avance en la sociedad llamado esclavitud. En lugar de masacrarte, descubrieron que vendiéndote podían conseguir dinero. ¿Ves cómo puedes contextualizarlo? ¿Es malo o no es malo? Bueno, prefiero que me vendan por un poco de oro. Pero, por otro lado, tuve una vida en la que asumí la muerte, porque habiendo sido esclavo en una galera, supe lo que era. En esa vida descubrí que mi verdad era el espíritu, porque la agonía de esa vida era tan severa que seguir vivo implicaba soportar más salvajismo y brutalidad. De repente, se me ocurrió: no me tienen. Puedo morir. Abandoné el cuerpo. ¡Era libre! No tengo por qué quedarme aquí y ser sometido a tortura. Me dejé morir y los vencí. ¡Qué descubrimiento! Vaya. Vaya, vaya. Nadie puede volver a tocarme, solo tienes que dejarte ir y adiós.

El doctor Hawkins ha hablado de los niveles de calibración de la humanidad a lo largo de los tiempos. Sus últimas palabras han sido fascinantes cuando nos ha hecho retroceder varios cientos de años y ha descrito una de sus vidas pasadas como esclavo que finalmente eligió morir. Al hacer esa elección, encontró la verdadera libertad en la muerte.

Teniendo en cuenta los nuevos conocimientos que el doctor Hawkins acaba de compartir contigo, ¿cómo podrían cambiar tus percepciones? Por ejemplo, si supieras en cada célula de tu ser que el momento de tu muerte está predeterminado, que ya no necesitas protegerte de las garras de la muerte, ¿cómo podrían cambiar tus experiencias vitales? De nuevo, ¿hasta qué punto los pensamientos basados en el miedo gobiernan tu vida? Tal vez quieras reflexionar sobre tu situación actual y los miedos que van aflorando en tu interior. ¿Cuánta energía te quitan esos miedos cuando te centras en ellos a lo largo del día? ¿Cuánto poder pierdes al verte dominado por ellos? Tal vez puedas entregar esos miedos cada vez que surjan. Si lo haces, es probable que tengas más energía y tranquilidad.

CAPÍTULO 6

Adquirir dominio sobre el juego del éxito

En estos días, en esta época, el éxito ejerce una atracción cultural sobre nuestras percepciones de la que a veces puede ser difícil desprenderse. A medida que avanzamos en este capítulo, el doctor Hawkins comparte ideas sobre cómo dominar el juego del éxito. Ilustra que el mundo ha transitado a un lugar de mayor integridad, citando el éxito de Sam Walton y Walmart como ejemplos de ello. Mientras escuchas, reflexiona sobre tus valores. ¿Dónde están? ¿Te sirven mejor a ti y a la Tierra en su conjunto? ¿Están basados en el miedo y la carencia, o en la fe y la confianza?

A finales de los ochenta, por razones desconocidas, el nivel de conciencia de la humanidad ascendió a 207, lo cual es increíble. Numéricamente no parece gran cosa, pero hemos cruzado la línea crítica. Esto eres tú por debajo de esa línea y esto eres tú por encima de esa línea, y eso marca la diferencia entre la vida y la muerte. Así que lo que pasaba en 190 era excusable, Enron incluido; en 207, Enron ya no es aceptable. Ya ves cómo hemos cambiado. Cuando yo crecía, se suponía que tenías que tener éxito, ir a la universidad, ganar dinero, tener un coche nuevo. Se trataba de tener éxito. El mundo es un plexo solar, un jet, un juego, la cerveza, el coche o más títulos, "se supone que ese coche ha de ser nuevo"...

Conduzco un Cadillac. Crecí para tener un Cadillac. Eso era lo máximo y me dije: "Algún día tendré uno", y lo tengo. Ese era el mundo de la ganancia, del éxito, del desafío, del campeón, de la victoria, el juego del plexo solar. El mundo en el que crecí fomentaba el juego del éxito, y, por lo tanto, los negocios eran una cosa y la iglesia era otra. Nadie mezclaba ambas cosas. En un libro creo que dije que nunca te fíes de un hombre con traje y corbata. Yo no llevo traje y corbata, pero cuando lo llevaba, cuidado conmigo. Siempre buscaba el trato ventajoso, amigos míos. Se producía un cambio en mi cabeza. En el trabajo, no mezclar las cosas: se supone que tengo que vender más máquinas expendedoras de cacahuetes, y no se lo cuento al viejo granjero. Le digo: "Mira, hombre, vas a invertir tu dinero aquí". Hubo un tipo que trató de hacerme vender esas máquinas cuando era niño: "Dile al viejo granjero que saque su dinero del calcetín y lo invierta en estas máquinas expendedoras de cacahuetes. Solo tiene que hacer su ronda, abrirlas y sacar el dinero". Por supuesto, lo que no le dices es que esa máquina expendedora solo se vacía una vez al año. Si ocurre una vez al año, tienes suerte. No se sabe si el anciano recuperará alguna vez el dinero invertido, pero ese es su problema.

Y recuerdo lo que el tipo me dijo en ese momento. Dijo —y así es como funcionan los negocios, amigos míos—: "Si tú no le sacas el dinero, otro lo hará". ¿No es este un factor decisivo? Este argumento es suficiente para convencer a la mitad de los presentes. Así es como vendía uno su integridad. De todos modos, los negocios no iban de ser íntegro. Los negocios no tenían que ver con la integridad. Walmart no había nacido todavía. Son dos mundos diferentes. No mezclábamos los negocios con la realidad.

Los negocios eran el mundo real y el domingo ibas a la iglesia. Dos cosas distintas.

***

Walmart[2] es un ejemplo de integridad. Walmart, cuando Sam Walton, su creador, vivía, estaba en 385, y sale en mi libro *El poder frente a la fuerza* por los principios básicos de su negocio. Dije: "Vaya, aquí hay un tipo que quiere dirigir un negocio basado en la integridad". En ese momento, Walmart no era la mayor empresa del mundo. Así que mantuvimos correspondencia de ida y vuelta, y calibré a Sam y al negocio: estaba en la parte alta de los 300. Hablamos de ello en mi libro *El poder frente a la fuerza*, y por supuesto ahora Walmart es la empresa más grande del mundo. No calibra tan alto como cuando Sam estaba vivo, porque suele ocurrir así. Ya sabes, él era el resplandor, él estableció los principios. Todavía calibra alto. Sigue en 365 o algo así. Lo que estaba establecido es que la gente decía: "Bueno, los negocios son una cosa y la iglesia es otra", pero Sam integró los principios y dijo: "Oye, ¿qué pasa con los viejos valores del Medio Oeste americano de que, si algo no funciona, te devuelven el dinero?".

Walmart todavía calibra como la más alta de las grandes compañías que hay por ahí. Por eso es tan poderosa. Ninguna otra se le acerca, 365. El siguiente negocio más cercano está en algo así como 200. Y hay otra cosa desafortunada que encontramos. Dijimos: "¿Cuál es el nivel medio de conciencia de los directores de las quinientas empresas de la revista *Fortune?*". Salió 198. Lo que significa: ¡Mantened los ojos bien abiertos, amigos míos!

---

2. Cadena de grandes almacenes de Estados Unidos. (N. del t.)

Lo interesante es que en 190 todavía puedes hacer jugarretas de las tuyas. En 207 no puedes, aunque un campo de energía tarda bastante tiempo en tener un efecto profundo en toda la ecología de nuestra población. En 207 ya no funciona, y ves que van cayendo corporaciones gigantes. Cada día hay una nueva corporación gigante que se queda por el camino. Otro régimen corrupto está siendo señalado por el mundo para que se enderece, se ponga en forma o se vaya. Así que las dictaduras corruptas, que torturan a su población y roban su riqueza, eran bastante comunes hace años. Solo había unas pocas formas de gobierno, y el dictador cruel era una especie de clásico. Todavía gobierna en algunas partes del mundo. Así que cuando estás por debajo de 190 puedes salirte con la tuya, pero a partir de 207 todo el mundo empieza a darse cuenta de ello, a comentarlo, a presionarte, a acorralar la energía humana. Así que el mundo está cambiando. El mundo de los 207 no tolerará lo que se hizo en 190, y veremos rodar cabezas en Wall Street y a escala internacional. Espero que esto continúe.

Así que, a medida que salgamos de la forma, veremos que aumenta el poder. Esto es el poder. Esto es lo que garantiza que seguirás con vida hasta que mueras.

El poder del Ser. Mira, el ego quiere hacerte creer que es responsable de tu supervivencia. El ego te dice: "Si yo no fuera tan listo, si no te recordara que tomes tus vitaminas y todo eso, estarías más muerto que vivo". Así que el inconveniente de la dualidad, en el trabajo espiritual, es que crea la ilusión de que hay un yo separado que es la causa de todo, de que hay un yo personal separado de la unidad infinita de la totalidad. El núcleo del ego es este punto egocéntrico, centrado en sí mismo que uno supone que es la causa. Así que mientras creas en la causalidad, estarás atrapado en la dualidad de un *esto* que causa *aquello*. El camino a la iluminación a través de la no-dualidad disuelve los opuestos.

A la edad de tres años yo estaba ahí: existencia frente a inexistencia, realidad frente a irrealidad. ¿Cómo deshacerse de los opuestos? Bueno, previamente ya te he dado la clave para deshacerte de los opuestos. *Esto* no es lo opuesto de *aquello*. No hay conflicto entre esto y aquello, como tampoco lo hay entre el chocolate y la vainilla. Así que vamos a la dualidad de los opuestos, porque vamos a tener que transcender el ego. Vamos a darle a ese ego un buen par de golpes.

Mira, yo vivo en el campo, en el bosque, y alguien me dice: "Tienes que dar una conferencia y hablar a la gente". Así que toco la campana y pregunto: "¿Alguien tiene café exprés por aquí?". Porque tengo que volver a energizarme para regresar a la dualidad, o esta gente pensará que estoy en Babia. Vale, chocolate frente a vainilla: puedes ver que eso es una ilusión. Todas las dualidades del mundo... Políticamente, puedes ser entusiasta de esto, pero no es necesario odiar lo otro. Puedes estar en desacuerdo con ellos, pero no es necesario odiarlos. No es necesario en absoluto. No sirve de nada, porque en realidad trae la consecuencia contraria.

El ego está construido sobre la dualidad. Hay un *esto* que causa *aquello*. Hay un *yo* separado que es la causa de *aquello*. ¿Y cómo se trasciende esta polaridad de los opuestos? Esta es una de las grandes barreras que uno tiene que transcender en el camino hacia la iluminación. El ego piensa que hay una dualidad entre arriba y abajo, entre esto y aquello, pero veamos lo que está pasando en realidad. Tomemos el bien y el mal. Todo el mundo conoce la diferencia entre el bien y el mal —esto es una broma—. Si tomamos esta dualidad, encontraremos que realmente no es una dualidad. Solo hay una realidad.

Y con la bondad pasa lo mismo: puedes ver que la bondad está presente o no lo está. Si hay mucha bondad, decimos que alguien o algo es celestial, y después que está más o menos bien, o que no está muy bien, o que es malo, o débil, o que es horrible. Ya ves que existen grados de amor. Solo hay una variable: el grado de amor. Aquí hay mucho amor. Aquí no hay ninguno. Pero no son opuestos. Son distintos grados de la presencia del amor. Solo hay una variable, no dos. Podemos hacer lo mismo con el calor.

La gente dice caliente frente a frío. Calor frente a frío. No hay "frente a", amigos míos. Solo hay mucho calor o no tanto. Y cuando apenas hay calor, como en un banco de nieve, te congelas. No hay calor frente a frío. Hay presencia de calor o ausencia de calor. De acuerdo, hablemos del valor: el valor es algo que añadimos a una cosa. El valor está en nuestra cabeza. Decimos que algo es precioso, es maravilloso, vale la pena morir por ello. O devuélvelo y que te devuelvan el dinero; es repulsivo. Todo va en función de cuánto nos gusta, y solo hay una variable.

La gente dice que la luz es lo opuesto a la oscuridad. Pero eso solo son maneras de verbalizar. No tienen realidad. No hay nada opuesto a la oscuridad. Hay mucha luz o poca. No existe tal cosa como luz contra oscuridad. No existe el mal frente al bien. Hay mucho de algo o no hay mucho de algo. No existe el opuesto de rico frente a pobre. Hay mucho dinero o no tanto dinero. Todo depende. En algunas partes del mundo, yo sería considerado rico. En otras partes, pobre como un ratón.

Entonces, todo depende de las condiciones. Lo que llamamos verdad siempre es condicional, porque depende del contexto. No hay verdad sin explicitar el contexto. La verdad no puede definirse a menos que se indique el contexto, y por eso los grandes libros del mundo occidental nunca fueron capaces de llegar a una definición de la verdad. Esto es lo que acaba sucediendo, y sucede a medida que te vuelves más sofisticado filosóficamente. Cuando estudié teología en una universidad jesuita, yo era ateo. Y me parecía divertido sacar todo sobresalientes y ellos no. Ellos eran muy piadosos y sacaban suspensos, y yo no creía en nada de esa basura y sacaba sobresalientes. Pero recuerdo haber estudiado las pruebas de la existencia de Dios de Tomás de Aquino, basadas en Aristóteles, en las que se remonta a la causa primera. Podía ver la falacia que eso contenía, incluso intelectualmente, porque la causa... No hay una causa de nada. Si la hubiera, no sería de la misma categoría, porque tendrías una interminable reducción de interminables bolas de billar, y no hay una gran bola de billar que haya iniciado todo el baile.

De acuerdo. Solo quería tratar el tema de la creación una vez más porque, cuando hablamos de causalidad, ves que puedes caer en el concepto de un Dios que apareció de repente, creó todo el universo y luego desapareció. Así que tenemos el gran concepto de Dios tirando los dados y creando el universo. Cuando piensas en ello, todo el asunto es ridículo. Lo hizo en cinco días o algo así. Cada día es una rotación de la Tierra. Pero la Tierra aún no existía. ¿Cómo va a hacerlo en cinco días? No hay una Tierra que esté rotando para darte esos cinco días. Todo el asunto es ridículo. Pero, de todos modos, en esencia es veraz. En esencia, el *Génesis* es uno de los tres libros del Antiguo Testamento que calibran en positivo. Calibra por encima de 600 o algo así. Y lo que realmente dice es que, de lo no manifestado, surge lo manifestado en forma de luz. Es la energía de la divinidad que, cuando implosiona sobre la materia, toma la forma de vida, y todo eso es lo manifestado que surge de eso que no está manifestado.

Así que el *Génesis* es uno de los libros del *Antiguo Testamento* que calibra como verdad, porque la realidad no tiene principio ni fin; como está más allá del tiempo y de la dimensión, no hay principio ni fin. Como no hay principio ni fin, no hay principio del universo que tenga que ser explicado, ni hay un final del que preocuparse. Los comienzos y los finales no son posibles dentro de la realidad, como tampoco lo es un *ahora* o un *instante*. Todo eso son percepciones. Si quieres llamar ahora a un "ahora", ya se ha pasado. Si quieres llamarlo *aquí* o *allí*, eso es momentáneo. Nada de eso existe dentro de la realidad.

Lo que es siempre fue, y no es una cuestión de "ahoridad". Es una cuestión de eternidad. Dentro de la realidad no es posible que un creador venga a la existencia, cree el universo, desaparezca, y luego, en el día del juicio, diga: "Hola, ¿cómo han ido las cosas?".

Tira los dados, y luego, en plan gallina, desaparece. Se esconde. Cuando llegas a encontrártelo en ese lugar, está acobardado allí arriba. Se habla del gran día del juicio final, pero el karma de uno es algo continuo. No hay discontinuidad posible en el universo. Por tanto, la propensión kármica de uno es constante, constante con cada elección, así que establezcamos cuándo va a ser el día del juicio.

El día del juicio es todos los días, es algo continuo, permanente, inescapable. Es lo absoluto de la justicia divina. El campo infinito de la divinidad es como un campo electromagnético gigante, y tú eres como una pequeña limadura de hierro dentro de él. Lo que eres, lo que decides, determina dónde te encuentras dentro del campo a cada segundo, ¿cierto? Ahora mismo ya eres el sujeto sometido a un juicio infinito. No tienes que esperar a mañana para que ocurra el juicio. Hoy ya es el resultado del juicio de dónde está tu realidad en el espacio infinito de la divinidad. Así que eres quien eres de manera continuada. Por lo tanto, la justicia de la divinidad es absoluta. En consecuencia, todos estamos a salvo. Gracias.

Sin duda el doctor Hawkins ha cuestionado los conceptos prevalecientes sobre la creación del universo, el karma y el día del juicio. Si la existencia sobre la Tierra no tiene causa y el tiempo es una ilusión, buena parte de lo que tememos no está basado en ninguna realidad. Entonces podrías preguntarte cuánta energía gastas preocupándote por los resultados de falsas verdades. Recuerda, un cambio en tu percepción puede ocurrir al instante. La elección es tuya.

CAPÍTULO 7

La guerra es ausencia de paz

A medida que el doctor Hawkins amplía el concepto de guerra y paz, podrías preguntarte qué guerras estás creando actualmente en tu vida. ¿Crees que puedes elegir la paz? ¿Cómo podrían cambiar las cosas si lo hicieras? ¿Sufres una guerra interna dentro de ti mismo? Recuerda que la paz siempre está ahí, lista para ser abrazada plenamente.

La gente cree que la guerra y la paz son opuestos. No lo son en absoluto. La gente cree que porque no disparan a nadie, hay paz. No hay paz, porque lo que vive de la guerra está muy vivo. De hecho, convoca manifestaciones por la paz. La razón por la que no voy a las manifestaciones por la paz es que son demasiado peligrosas. Hay perros, policías, mangueras de agua, gente con máscaras, porras. No, gracias. La paz es el estado natural cuando prevalece la verdad. Es el campo. En el campo, el estado natural es la paz; cuando la verdad prevalece, tienes paz automáticamente. La guerra no tiene nada que ver con la violencia. Es la condición automática cuando prevalece la falsedad. Lo contrario de la guerra no es la paz. Por lo tanto, si la base de la guerra es la falsedad, sería la ignorancia, la incapacidad de distinguir entre la verdad y la falsedad.

Así que lo asombroso del libro *El poder frente a la fuerza* —y puedo decirlo porque no hay en mí ningún sentimiento de egoísmo al respecto; yo fui el testigo de la redacción de *El poder frente a la fuerza*— es que por primera vez en la historia de la humanidad expuso cómo distinguir entre verdad y falsedad. El karma de la humanidad cambió con la escritura de ese libro. Hasta ese momento, nadie en el tiempo podía diferenciar entre verdad y falsedad, salvo un místico avanzado.

La base de la guerra, por tanto, es la ignorancia. Cuando ves la historia en el canal de historia y cómo crecieron las juventudes hitlerianas, se te rompe el corazón, porque esos jóvenes pensaban que iban a un campamento de *boy scouts.* Hacían hogueras, se tomaban de la mano y hacían cosas valientes por su patria. Fíjate en la inocencia... Así que la mente humana es incapaz de distinguir la verdad de la falsedad porque solo es *hardware*, el componente físico del ordenador, y lo que la sociedad pone es el *software,* los programas. El *hardware* no cambia. *Un curso de milagros* dice que la inocencia permanece intacta, pase lo que pase. El hardware no se ve afectado por el software. La sociedad pone el software, así que puedes tomar a esos niños inocentes... Cuando miras a las juventudes hitlerianas en los años treinta, su inocencia, su orgullo por el país, su devoción a su patria, a su deber, es increíble. Todos son como pequeños *boy scouts* llevados al matadero. En el último siglo, cien millones de personas han muerto a causa de esa inocencia, cien millones.

Buda dijo que solo hay un problema, y Jesucristo también dijo que solo hay un problema: la ignorancia. "Perdónalos porque no saben lo que hacen". Ignorancia. Buda dijo que solo hay un pecado: la ignorancia. En ese momento de la historia, la conciencia humana no había evolucionado hasta el punto de ganar suficiente karma como para poder aprender la diferencia entre verdad y falsedad, así que lo mejor que podían decir era: "Por sus frutos los conoceréis". Diez mil civiles asesinados, supongo, serían los frutos por los que deberíais conocerlos. También supongo que el bombardeo de civiles les resultaría sospechoso, y se darían cuenta de que ese tipo no estaba del todo bien. Pero no todos. No había escasez de personas dispuestas a ir a defender a ese tipo. La humanidad no puede discernir entre la verdad y la falsedad. En consecuencia, no puede discernir a un líder de un megalómano.

El libro que estoy escribiendo ahora tiene un capítulo bastante extenso sobre la megalomanía. El mundo no distingue a un megalómano de un líder, no distingue a un Hitler de un Jesucristo. Así que el pueblo alemán adoró al *führer* en lugar de a Dios. El ególatra, entonces, toma el lugar de Dios, y el pueblo lo adora. Las personas que son adoradas, los grandes líderes, calibran todos por debajo de 100: Stalin, Hitler.

Las consecuencias son que el ego se queda programado en posiciones polarizadas. No puede distinguir entre verdad y falsedad. Joseph Goebbels dijo que, si repites una mentira con suficiente frecuencia, todo el mundo la creerá. Resultó ser así. Todos los políticos lo saben, de lo contrario nunca saldrían elegidos. Es fácil programar los egos de la gente para que se posicionen porque lo único que necesitas es una distorsión de la verdad. Por primera vez, ahora el hombre tiene realmente el poder de sobrevivir dentro de su sociedad. En 190, los rusos estaban planeando lanzar la última bomba atómica y habría sucedido en caso de que hubieran perdido la guerra. La gran bomba que destruiría toda la vida en el planeta era una certeza, porque lo que está por debajo de 200 dedica todas sus energías a la destrucción, y la destrucción de toda vida humana es su máximo regocijo, matar a todo el mundo. ¿No haría eso feliz a un ególatra? Por eso no podemos tratar diplomática ni políticamente con gente que piensa así. Ni siquiera podemos concebirlo.

Si calibramos diversas guerras, vemos la posición de la verdad frente a la falsedad y cuáles han sido las consecuencias para la humanidad. Así que puedes tomar la totalidad de la historia, tomarlo todo, llegando incluso a Napoleón. De modo que calibras las posiciones de todas las personas, las posiciones de todos los políticos, de los países, las posiciones de los elementos que están operando para provocar las consecuencias, y ahora, una vez que ves cómo está montado el tablero de juego, la solución es obvia. La razón por la que no puedes tener éxito es que no sabes cómo está montado el tablero de juego a menos que puedas calibrar los niveles de verdad. Antes de la Segunda Guerra Mundial, el primer ministro de Inglaterra, Neville Chamberlain, firmó un tratado de paz con Hitler. Chamberlain estaba en 180 o 190, y Hitler, en aquel momento, en unos 78. Ahora bien, ¿te sorprende que el acuerdo de paz entre un tipo en 180 y otro en 78 no durara? Eso es verdadera integridad para ti. Así que Gran Bretaña tuvo que sustituir a Chamberlain por Winston Churchill para salvarlos a todos, porque Churchill estaba en 510.

Por curiosidad hicimos la calibración del duque de Wellington contra Napoleón. El duque de Wellington estaba en 405 y Napoleón en 75.

Churchill y Theodore Roosevelt eran la energía de la integridad que dice "lucharemos hasta el final". Entonces algunas personas cambiaron de bando en medio de todo el fregado, y un tipo se fue de este bando al otro. Reveló los secretos de Los Álamos, y entonces se vio que gente que se podría considerar sospechosa, como Heisenberg y Wernher von Braun, eran personas íntegras. El General Rommel estaba en 203. Los pilotos kamikaze estaban en 390, gente muy dedicada. La Luftwaffe era honorable. Hirohito estaba justo en el borde, 200. Yamamoto cumplía su deber para con su país. Esto era muy interesante. Luego ves las consecuencias que ha tenido. La Liga de Naciones era demasiado débil para evitar la guerra. El nivel 185 no tiene lo necesario para hacer que ocurra. El ataque a Pearl Harbor fue un 45. Goebbels estaba en 60. Este fue el tipo que vendió una mentira a la juventud.

Y aquí abajo —en la parte baja del Mapa de la Conciencia— se ve lo peor de la gente. Pensé en ponerlo aquí por diversión: Lord Haw-Haw. Estaban Lord Haw-Haw y Tokyo Rose; ambos eran propagandistas que hablaban a favor de las potencias del eje en la Segunda Guerra Mundial. Lord Haw-Haw era un traidor británico, y emitía propaganda antiinglesa para los alemanes. Bueno, esto solo muestra que podemos analizar una situación política y a todas las personas involucradas. No tenéis que volaros unos a otros por los aires para ver cómo va a funcionar el juego. Lo que hay que hacer es diagnosticarlo correctamente.

Fue inspirador aprender que sir Winston Churchill se comportó a la altura de 510 y salvó al mundo de una mayor destrucción en la Segunda Guerra Mundial. A medida que el doctor Hawkins avanza en su exposición, se hace evidente que el poder de un individuo que resuena en un nivel superior de conciencia puede tener un impacto mucho mayor en el mundo que miles de personas que calibran en niveles inferiores. ¿Qué puede significar esto para ti? Volviendo al tema de elegir, a cada momento de cada día, cada uno de nosotros tiene la opción de vivir en el poder o en la fuerza. El amor, la compasión y la gracia deben comenzar como una llama que encendemos en nuestro interior. En primer lugar, hemos de tomar la decisión de abrazarnos y amarnos a nosotros mismos y luego llevamos esa compasión más allá, hacia el mundo. Esto forma parte integral de este trabajo.

Dedica un momento a reflexionar sobre tus juicios actuales.

¿Por qué aspecto de tu vida te castigas? ¿Dónde te juzgas más a ti mismo y a los demás? Recuerda que siempre puedes elegir otra cosa. Ahora tómate un tiempo para reconocer los casos en los que has elegido el poder en lugar de la fuerza. Piensa en situaciones en las que te sentiste en tu auténtico poder. Siéntete dentro de esa experiencia y estate dispuesto a darte reconocimiento a ti mismo por las elecciones poderosas que has hecho. Acabas de dar un paso más en tu camino hacia la iluminación espiritual.

CAPÍTULO 8

Rendirse al silencio

Según la parábola budista, la iluminación llega con facilidad una vez que la deseas de verdad. Una de las formas fundamentales de alcanzar este estado es aprender el arte de la rendición. Cuando uno entrega cada aspecto de sí mismo a lo divino —su sufrimiento y sus alegrías, sus retos y sus victorias, su amor y su odio, su valentía y sus miedos—, su vida se transforma.

Al abrir este capítulo, el doctor Hawkins se adentra en el mundo de la mayor iluminación, los estados divinos. Cuando una persona calibra en 600 o más, ha discernido la ilusión del ego. Además, en este capítulo se aclara qué es realmente el ego y nuestra relación con él, sabiendo que el remedio está en el silencio que siempre está presente más allá del ruido de la mente egoica. Entregarnos al silencio nos despierta a un mundo que está mucho más allá del limitado reino que nos hemos creado.

Quería mencionar lo útil que es la capacidad de distinguir entre la verdad y la falsedad, y por qué la humanidad ahora tiene una oportunidad de sobrevivir, no solo de existir en el día a día, sino de realmente sobrevivir con algún tipo de integridad espiritual. Primero hay que conocer los hechos, así que intentamos explicar cómo se llega a ellos. La verdad requiere una objetividad de la que el ego no es capaz. La kinesiología pasa por alto el ego y sus sistemas de creencias, y solo nos da un número. El número es impersonal. No le importa quién gane las elecciones. Podemos calibrar el chocolate y la vainilla. Por lo tanto, tiene una utilidad pragmática. La gente quería saber cómo trascender el ego, así que intentamos mostrar que el ego se basa en la suposición de causalidad. Hay un *esto* que causa *aquello*. A continuación, construye su estructura basándose en la polaridad de los opuestos: calor frente a frío, bueno frente a malo, etc.

El ego, por tanto, es toda una estructura y superestructura de posicionamientos. Trascender el ego significa deshacer sus posicionamientos. El Mapa de la Conciencia®, que ha llegado a ser bastante conocido, llega hasta 600. En 600 se alcanza la iluminación, y luego solo dice que en los niveles a partir de 600 están los estados iluminados y divinos. Si quieres calibrar la verdad de las realidades espirituales, te ahorraré el trabajo de examinar eso con la kinesiología. Verás que estos títulos consagrados y confirmados a lo largo del tiempo se refieren a energías espirituales que pueden definirse. No son solo la fantasía de alguien. ¿Es Dios una fantasía? El ateo dice que sí, pero podemos demostrar que el poder de la divinidad es infinito, que la divinidad y el creador son infinitos. Y los arcángeles calibran en 50.000 y más, estamos hablando de escalas logarítmicas. Diez por diez, cincuenta mil veces. Mucho voltaje.

En las profundidades del infierno, la entidad interna gritó: "Si existes, Dios, ¿puedes ayudarme?". El pensamiento pasajero de un arcángel es todo lo que se necesitó. Debe haber estado pasando un arcángel que escuchó mi oración. Lo que el mundo llama un avatar calibra en 985. Todo lo que quería demostrar es que estas energías elevadas también son definibles y calibrables. En la conciencia ordinaria, el ego se identifica y dice: "Esta es la realidad, este es el yo, este soy yo", y a medida que uno progresa espiritualmente, esto empieza a disminuir a medida que se reducen el enfoque, la intensidad y el egocentrismo. Entonces, la definición del yo empieza a cambiar. Es como si se disolviera en el mar. De modo que no hay guerra. No hay conflicto. Lo único que no me gusta de *Un curso de milagros...* —creo que el Libro de ejercicios es correcto—, creo que el texto tiene un error en el sentido de que presenta al ego como un enemigo, y entonces uno se polariza con él. Así que, francamente, creo que el libro de texto procede de una fuente diferente a la del libro de ejercicios.

No quieres polarizarte. El ego no es tu enemigo. Es solo una ilusión sobre quién uno cree ser, y esta ilusión se basa en la estructura dualista del ego, que tiende a hacerte pensar que existe un *yo*, y que *esto* causa *aquello*. Ahí es donde digo que, si sueltas esta ilusión de que las cosas surgen como resultado de la causalidad, te ahorrarás cuarenta y dos vidas. Cuarenta y dos, nunca había oído eso antes.

¿Cómo se trasciende esta identificación con el ego? En primer lugar, el mero hecho de escuchar la verdad ya tiene un impacto, lo sepas o no. La conciencia de todos los presentes ya ha dado un salto por el mero hecho de haberla oído. El Buda dijo que, si has oído hablar de la iluminación, nunca estarás satisfecho con menos, nunca; a lo largo de todas tus vidas, has oído hablar de ella. Todos los que estáis en esta sala habéis oído hablar de ella o no estaríais aquí. Es el futuro el que está creando tu presente. Crees que es tu pasado el que te impulsa desde el pasado, que estás siendo empujado por tu pasado. No, estás siendo absorbido hacia tu futuro.

Estás siendo arrastrado por el destino, porque por un acto de la voluntad ya has elegido tu destino, y ahora esto es el despliegue de lo que se requiere para alcanzarlo. Eso es todo. Por lo tanto, no tiene sentido quejarse de ello, a menos que quieras hacerlo. No te sientas culpable por quejarte. ¿Cómo se trasciende este ego? En primer lugar, el ego no existe. Solo existe la tendencia de estas energías a formar una estructura. Solo hay una tendencia. Se puede deshacer fácilmente. Hay dos maneras, la meditación y la contemplación, y la oración, por supuesto. Y la devoción. Ser uno con el campo. Así que, si eres consciente principalmente del campo... El obsesivo-compulsivo se queda atrapado en este detalle de aquí, y se vuelve loco. Tiene que saber cada pequeño detalle de lo de aquí, que es totalmente irrelevante. ¿Sabes a qué me refiero? ¿Costó tu almuerzo un dólar treinta dos o un dólar treinta y siete? No lo sé. ¿A quién le importa? Le digo a Hacienda que son dos pavos, ¿me entiendes? Les ahorro toda esa contabilidad. Incluyo la propina. La propina no aparece en el recibo, así que, si guardo el recibo, no me servirá de nada porque no incluye la propina...

En fin, los obsesivos viven aquí y te vuelven loco con toda su atención al detalle. Así que el yo, el sentido de Ser, eso es la visión de la totalidad. Vives en el espacio infinito en el que todo está sucediendo. Estar enfocado en la visión periférica en lugar de en la visión central es ser consciente de la totalidad de la situación. La totalidad de todos nosotros estando aquí y la energía que creamos estando aquí, y lo que eso significa en cuanto a lo que debe ser dicho y lo que debe ser escuchado; es algo que habla por sí mismo. Claro que hay preguntas individuales, pero no vamos a tratarlas toda la tarde. Se trata de la totalidad de la energía y la totalidad de estos seres y su impulso colectivo. De eso se trata.

Así que, si te mueves por un mundo periférico, siempre estás centrado en la totalidad de la situación. Desgraciadamente, te pierdes muchos detalles. Así que es mejor estar casado; si tu atención está en el campo, ¿quién te dice que te has puesto la camisa que tiene un agujero en la manga? "Oh, cielos —pensé—, ella nunca lo verá". Esa es mi camisa favorita. En su mundo, no puedes llevar una camisa si tiene un agujero. En mi mundo, nadie se da cuenta.

Yo presto atención al campo todo el tiempo. Puedes hacer lo mismo en la meditación, donde constantemente eres consciente de la conciencia misma. El camino opuesto es enfocarse en el contenido. Hay otra forma de meditación o contemplación en la que el enfoque se fija por completo en el presente inmediato, tal como surge, sin seleccionar, intensamente enfocado en la cabeza de un alfiler, constantemente. Estás concentrado en lo que dices mientras lo dices. Estás enfocado en las palabras exactas que estás diciendo. Estás concentrado en el instante exacto. Así que te mantienes intensamente enfocado en el intenso ahora, esto es lo que ahora el mundo llama visión central y visión periférica. La retina también está configurada de esa manera, con el enfoque en la mácula o en el campo. La voluntad de entregarlo todo a Dios: la no dualidad devocional significa que el amor por Dios es suficiente para que estés dispuesto a entregar todo lo que se interponga en el camino de la realización de la presencia divina, y resulta que no es "otra" que el Yo [Ser]. Pensabas que iba a estar ahí fuera y que la encontrarías más adelante. Es la fuente de nuestra existencia, y llegamos a darnos cuenta de la realidad radical de la subjetividad. Solemos dar la subjetividad por sentada. Damos por sentado el campo. Damos por sentada la conciencia. Esto es lo que damos por sentado. Esto otro es lo que pensamos que es importante. Pensamos: "Esto es lo trivial e irrelevante, y esto [otro] es lo que tú eres". Ignoramos lo que somos y volvemos a centrarnos en lo que no somos.

En este preciso instante, el 99 % de tu mente está en silencio. Y la razón por la que no lo notas es que estás concentrado en el 1 % que hace ruido. Es como si tuvieras un vasto anfiteatro —tomemos un gran estadio de béisbol con capacidad para cuarenta mil personas—. Nadie está allí a medianoche, pero en una esquina hay una pequeña radio... o un pequeño televisor de cuatro pulgadas. Es en eso en lo que te concentras. Todo el anfiteatro está vacío. No hay nadie en los asientos. Pero piensas que ahí es donde está la acción, así que te concentras en esa pequeña cosa del momento que atrae tu atención. Como la atención está enfocada ahí, piensas que tu mente es eso. La mente no es eso. La mente es el silencio absoluto. Si tu mente no estuviera en silencio, no sabrías en qué estás pensando. Si no fuera por el silencio en el bosque, no podrías oír ningún ruido. ¿Cómo podrías oír el canto de un pájaro? Solo lo reconoces por el silencio de fondo. Solo puedes ser testigo de lo que la mente está pensando contra el fondo del silencio innato de la mente.

Al darte cuenta de esto, lo llamas *ello* en vez de llamarlo *yo*. No se trata de en qué está pensando mi mente. La mente es aquello en lo que está pensando. Esta misma comprensión se produce con el cuerpo, cuando abandonas la identificación con él. Lo ves haciendo lo que esté haciendo. Yo no tengo nada que ver con él, nunca tuve nada que ver con él. Pertenece a la naturaleza, y está impulsado kármicamente. Solo hace lo que tiene que hacer. Resulta tan entretenido para mí como para cualquier otra persona. Quiero decir que es solo una novedad.

Entonces, ¿qué son esos campos de realización? Quiero llegar a eso. A medida que las cosas surgen, hay una voluntad de entregárselas a Dios. Hay una voluntad de entregar cada cosa a medida que surge. Cuando escuchas una nota musical, la nota surge y luego cae. Cuando oyes la nota, ya está en la cresta y ya está cayendo. De igual modo, la rendición es la voluntad de dejar ir todos los posicionamientos de todo lo que surge a medida que surge, no etiquetar nada, no darle nombre, no tomar una posición al respecto. La voluntad de rendirte a todo lo que surge a medida que surge te permitirá pasar por una cirugía mayor sin anestesia. Yo lo he hecho varias veces. En cuanto te resistes al dolor o lo llamas dolor, en el momento en que dices: "Me van a cortar el pulgar" —en el momento en que empiezas a resistirte al dolor—, el dolor se hace insoportable. En el momento en que te retiras de tu posición pero te quedas en el filo de la navaja, dejas de resistirte. Suelta la resistencia. Puedes hacer desaparecer cualquier enfermedad conforme surja.

Así que, si te caes y sientes que te has torcido el tobillo, no puedes llamarlo dolor. No puedes llamarlo torcedura de tobillo. Hay sensaciones que surgen. Las miras, estás resistiéndote a las sensaciones. No las etiquetes de ninguna manera. No estás experimentando dolor. Nadie puede experimentar dolor. El dolor es una etiqueta. No puedes experimentar diabetes. No puedes experimentar neumonía. No puedes experimentar ninguna de esas cosas. Todo eso son palabras, etiquetas. Puedes toser. Ni siquiera puedes experimentar una tos. Esa es otra palabra que le pones. Hay una sensación. Dejas de resistirte a la sensación, la entregas completamente a Dios, a la voluntad de entregar todo a Dios a medida que surge. Entonces, cuando surge algo, la voluntad de entregarlo te lleva a un estado de eternidad, a la presencia de la realidad como la fuente de la existencia. Si vives frente a la ola, siempre estás anticipando el futuro. El ego siempre está intentando adelantarse al momento siguiente. Si lo entregas tarde, lo retienes un poco. Entonces siempre estás viviendo en el pasado. "¿Por qué dije eso?". "¿Por qué hice eso?". De esta manera vives en el miedo. De esta manera vives en el lamento. No estás en la realidad al tratar de adelantarte al futuro. Porque aún no estás allí, no puedes adelantarte al futuro porque cuando llegues a él, habrás creado un nuevo futuro al que nunca te podrás adelantar. El futuro siempre está ahí delante.

Al acabar el capítulo, el doctor Hawkins nos deja con el reto de dejar de resistirnos a cualquier sensación que tengamos, a medida que surja. Al dejar de resistirnos y entregarlo todo a Dios, nos encontraremos en lo que él denomina el "siempre". En este momento, ¿estás rindiendo algún aspecto de tu vida a lo divino? Tal vez en los próximos días puedas generar la intención de iniciar el proceso de entrega. Tal vez descubras que el simple hecho de ofrecer tus experiencias y sentimientos a lo divino conforme surgen te liberará de las cargas que llevas cuando intentas resolver todas las dificultades de la vida por tu cuenta.

CAPÍTULO 9

Ver la inocencia de la conciencia humana

¿Estás preparado para hacer un cambio en tu vida? Tómate tiempo cada día para sentarte en silencio y ver qué resulta de ello. Si te encuentras con resistencias, quizá quieras explorar lo que ese yo resistente está tratando de decirte. Después, simplemente entrega esa resistencia a lo divino.

Como señalará el doctor Hawkins, también tenemos que renunciar a nuestra forma de ver las cosas para poder transformar nuestra forma de experimentar la vida. La entrega comienza con la elección de ver la inocencia que está en el núcleo de la conciencia humana. Cuando abrimos la puerta a esa inocencia y percibimos la vida no desde la condena, sino desde la compasión, experimentamos un gran cambio en nuestro mundo personal y en el mundo en general.

La voluntad de renunciar a nuestra forma de ver las cosas empieza a transformar nuestra forma de ver y experimentar la vida. En lugar de enfadarte y condenar, ves que las personas no pueden evitar ser como son. Así que decimos que estos adolescentes se tiran piedras unos a otros y provocan a la policía para que les ataque, y empiezas a ver que no pueden evitarlo. Y así, cuando profundizas mucho, empiezas a discernir la inocencia básica de la conciencia humana. La conciencia misma es como el *hardware* o componente físico de un ordenador, y el ego es como el *software* o programa. La conciencia misma es incapaz de distinguir entre la verdad y la falsedad. No puede decir si está siendo programada, como programaron los nazis a sus juventudes, en la falsedad o en la verdad. Entonces entendemos por qué Cristo y Buda dijeron: "Perdónalos, porque no saben lo que hacen". Al hardware del ordenador no le altera el software. La conciencia de los jóvenes es inocente.

Así que a esos chicos que disparan a los americanos, digamos que por Alá, los miras con compasión. Puedes ver que se ha abusado de ellos, ves cómo se ha abusado espiritualmente de los ignorantes. Y debido a la inocencia de la conciencia humana y a su incapacidad para discernir entre verdad y falsedad, la humanidad es conducida por el camino de la falsedad. Si miras el canal de historia, la historia del movimiento nazi en los años treinta, etc., y ves a los jóvenes de Alemania, patrióticos. Van a campamentos como los *boy scouts*. Están alrededor de la fogata cantando canciones y haciendo caminatas, y todo esto por su país, por su patria, por el *führer*. Dices: "¿Cómo podrían haber creído otra cosa?". Si yo hubiera estado allí, habría hecho lo mismo. Ves la inocencia. Así que empezamos a ver la inocencia básica de la conciencia humana, y eso nos permite perdonar a todo el mundo. Ves que cada uno está siendo dirigido por los programas con los que ha sido programado. ¿Qué otra cosa podrían pensar? La gente cree en los medios de comunicación porque la televisión les llega tan rápido, que ya se lo han creído antes de haber tenido siquiera la oportunidad de examinarlo o cuestionarlo.

Por tanto, la mente queda programada y por eso ves que, por un lado, el ego sobrevive exprimiendo la negatividad. Por otro lado, no puede evitar hacerlo. El ego no puede evitar ser lo que es. Y sin el poder de la verdad espiritual, francamente, es incapaz de trascenderse a sí mismo. El valor de la verdad espiritual es que, sin ella, nadie trascendería el ego. Gracias a los grandes avatares, gracias al gran poder de la verdad espiritual, y a aquellos que la han plasmado en sus vidas y se han dado cuenta de que es la fuente de su propia existencia, se crea el poder del campo, y luego la gente deriva la inspiración para transcender sus limitaciones del poder del campo.

Cuando comprendemos que la conciencia humana es básicamente inocente, que no distingue entre verdad y falsedad... Esta es la razón por la que tuve que escribir el libro *El poder frente a la fuerza*, porque me quedé anonadado al darme cuenta de que el ser humano nunca ha tenido la oportunidad de distinguir entre la verdad y la falsedad. Lo mejor que ha sido capaz de hacer es seguir al intelecto y terminar en el nivel de conciencia 460, que te deja atascado en medio de la mente y sus dualidades. Y por eso la guerra, el odio y todo eso están destinados a seguir adelante indefinidamente, porque sin la energía espiritual y la verdad para trascenderlos, la mente está atrapada sin remedio en su propia telaraña.

Y recibe un pago por ello: mientras da vueltas y vueltas, y rumia, obtiene un pago, una recompensa. Por lo tanto, el ego se autopropaga. Sin la ayuda de la verdad espiritual externa, el ego siempre dará vueltas y más vueltas, persiguiendo su propia cola. Cada persona, al hacer lo que cree que es un trabajo espiritual personal, en realidad está influyendo en todo el campo. Así, el nivel de conciencia prevaleciente en la humanidad progresa como consecuencia del esfuerzo espiritual colectivo de todos nosotros. Cada elección, cada decisión espiritual que tomamos, reverbera por todo el universo. En las escrituras se dice que ni un pelo de tu cabeza queda sin contar, y con la kinesiología descubrimos que esto es un hecho. Cualquier cosa que alguien haya hecho, pensado, sentido..., cualquier decisión que se haya tomado queda registrada para siempre en el campo de la conciencia.

La gente que dice que no cree en el karma puede no creer en él como sistema de creencias, pero aún tendría que explicar cómo es que todos los fenómenos que han ocurrido a lo largo de la historia quedan registrados para siempre. ¿Cómo se explica que todas las entidades que nacen en este planeta ya tengan un nivel de conciencia calibrado en el momento de nacer? Por lo tanto, no surgieron de la nada, sino de algo, y ¿qué es ese algo del que todos surgimos y al que todos volvemos? Eso nos saca de la limitación del marco temporal del presente, y empezamos a ver y experimentar la vida en una dimensión mayor. Las realidades espirituales que surgen de la contemplación de estas cosas nos animan a investigar la verdad espiritual, que es el propósito de este trabajo.

Quería presentar en primer lugar todo el panorama de la conciencia: su evolución, su cualidad, su naturaleza. Cómo se ha abordado desde la ciencia, la razón, la lógica, la filosofía, la ética, la teología y la religión, cómo ha evolucionado en el ser humano, cómo se manifiesta y el papel que desempeña en nuestra vida cotidiana. Todo esto requiere energía, y eso agota a la gente. Así que las personas solo pueden ejercer la fuerza hasta cierto punto y después empiezan a colapsar.

El poder, en cambio, no se agota. De hecho, cuanto más se usa, más poderoso parece ser. Por ejemplo, si experimentamos con perdonar a la gente y estar dispuestos a amar incondicionalmente, descubrimos que esa capacidad crece. Al principio, puede resultar difícil amar lo que parece imposible de amar, pero si nos dedicamos a continuar siendo así en el mundo, descubrimos que se vuelve cada vez más fácil. Descubrimos que, con la fuerza, cuanto más das, menos tienes. Pero con el poder, cuanto más das, más tienes.

Así que, cuanto más amorosa es una persona, más amoroso se vuelve su mundo, y se podría decir que empezamos a experimentar un mundo de nuestra propia creación. Algunas personas dicen: "Si vas a Nueva York, allí todos son tan fríos y horribles. Odio Nueva York, allí todos son malos". Otra persona va a Nueva York y dice: "Dios mío, qué gente más maravillosa. Todas las camareras son tan amables y los taxistas también..., es un lugar increíble". Bueno, eso es porque la presencia del amor precipita el surgimiento del amor en otras personas, y cuando no somos amorosos, tendemos a hacer surgir el lado negativo de sus naturalezas. Entonces, lo único que estamos experimentando es el tipo de mundo que precipitamos en virtud de aquello en lo que nosotros mismos nos hemos convertido.

✳✳✳

El contraste entre poder y fuerza puede aclararse drásticamente con el ejemplo histórico del Imperio británico frente a Mahatma Gandhi. Bien, Mahatma Gandhi, como sabes, era un asceta hindú, y si calibras a Gandhi, está por encima de 700. En el momento en que se enfrentó al Imperio británico, este era la mayor fuerza que el mundo había visto jamás. Gobernaba una cuarta parte del mundo, un tercio del planeta, y también los mares; era la mayor fuerza que el mundo había visto. Y mientras yo crecía, el Imperio británico seguía siendo el gran Imperio británico en el que nunca se ponía el sol.

Bueno, en contra de eso, se alzaba un pequeño hombre hindú de cuarenta y cinco kilos de peso: piel y huesos. Se enfrentó al Imperio británico, se enfrentó al león. Así que aquí está este asceta de cuarenta y cinco kilos que se enfrenta al gran león que gobierna un tercio del planeta. Lo interesante es que Mahatma Gandhi, sin hacer nada —de hecho, solo diciendo que iba a dejar de comer, y que, si no les gustaba, simplemente se moriría de hambre— llevó al mundo a sentir pánico. Y calibrando en 700, Gandhi se plantó allí —700 es un poder enorme, extremadamente raro en el planeta— y se enfrentó al Imperio británico, que en su orgullo e interés propio calibraba en 190. Sin disparar un solo tiro derrotó a todo el Imperio británico, lo desmontó y trajo el fin del colonialismo, que fue seguido por otras naciones, que también, una tras otra, renunciaron a sus colonias. No solo derrotó al Imperio británico, sino también al colonialismo en sí, y el autogobierno se convirtió en el sistema político dominante en el mundo actual.

Así que lo que Gandhi representa —al igual que Alcohólicos Anónimos, los movimientos de Doce Pasos, y todos los grupos espirituales del mundo— es la influencia del poder. El poder no causa cosas. Se puede decir que la fuerza causa cosas dentro del paradigma newtoniano. El poder influye en las cosas. Como sabes, un quark emerge en función de la densidad del medio en el que se encuentra, así que mediante la oración, mediante la evolución espiritual, lo que sucede es que la humanidad crea un campo muy poderoso, el campo de la realidad espiritual, que a continuación comienza a afectar y a elevar a toda la humanidad. Afecta a todo el paradigma de la realidad y los valores. Así que, como hemos mencionado antes, la integridad se está convirtiendo en un valor predominante en nuestra sociedad. Se habla de ella constantemente en los medios de comunicación. De esta manera, tenemos todo un nuevo sistema de valores.

Ahora bien, esto no ha sido producido por el mecanismo de la fuerza. Nadie obligó a los medios de comunicación a empezar a valorar la integridad, y estoy hablando de la integridad como valor social, no como valor espiritual. Todos vivimos según nuestros principios. Entonces, el crecimiento espiritual implica preguntarnos qué principios vivimos, y a medida que crecemos y maduramos, elegimos principios diferentes. Ya sabes, algunas personas viven según el principio de tener siempre razón, y nunca dar un respiro al otro, al que consideran imbécil. La gente se expresa y declara cuáles son sus principios. A veces, parecen bastante extravagantes, pero se puede decir que alguien es íntegro en la medida en que vive de acuerdo con sus principios. Vive de acuerdo con aquello con lo que se ha comprometido. Así que respeto las cosas con las que la gente dice estar comprometida, y creo que, en la medida en que vivan de acuerdo con ellas, estarán siendo virtuosos según su propia definición.

Hasta cierto punto, el nivel de conciencia calibrado refleja en qué medida vivimos según nuestra elección espiritual declarada. Podrías hablar del karma o del destino espiritual, pero el nivel calibrado de conciencia es una consecuencia de la libertad de elección espiritual. Así que tenemos libertad de elección a cada momento, pero esta libertad de elección parece ser oscura. Parece que estamos dirigidos por programas, y una de las razones por las que intentamos trascender el ego es que no queremos estar en sus manos. Nos gustaría que la mente se detuviera el tiempo suficiente para deliberar y tomar una decisión. Y así, a menudo, hacemos una cosa rápidamente y más tarde nos arrepentimos, con lo que se genera una especie de resentimiento: "Caramba, no me dio tiempo pensarlo detenidamente". Entonces, nuestras elecciones espirituales tienden a determinar qué camino elegimos cuando surge el momento. Si no fuera por el silencio de la conciencia, no podrías saber lo que estás pensando. Debido al silencio de la fuerza, puedes oír los sonidos. Gracias a que la mente está en silencio, puedes oír, ver o imaginar lo que estás pensando.

Por lo tanto, el contenido de la mente debe estar desplegándose en el espacio de la no mente, que es un término clásico que significa conciencia sin pensamientos, sin forma, sobre la que se reflejan los pensamientos. Así que retiramos nuestra inversión, preocupación e identificación con el contenido del pensamiento y empezamos a ver que somos el espacio en el que el pensamiento puede ocurrir. El valor de la meditación es que nos centra, de modo que retiramos nuestra inversión de la identificación con el contenido del pensamiento y la orientamos al espacio en el que este está ocurriendo, y empezamos a ver que hay un testigo del pensamiento. Hay una conciencia del testigo, y hay un sustrato que subyace a todo lo que está más allá del tiempo, más allá de la dimensión, y es independiente de la identificación personal. A continuación, la identificación con la conciencia misma nos saca de la identificación de nuestra realidad con el cuerpo, con la mente o con los pensamientos y sentimientos, y nos lleva a una dimensión mayor.

A medida que entramos en esa dimensión mayor, confirmamos esa realidad espiritual que subyace a nuestra existencia. La persona se involucra en el trabajo espiritual a un nivel práctico. Quiere saber: ¿cómo puedo perdonar a mis enemigos si los odio tanto después de todo lo que me han hecho? ¿Cómo puedo sentir esperanza cuando estoy tan deprimido? ¿Cómo puedo deshacerme del miedo cuando estoy asustado todo el tiempo? Y así se empieza... Mucha gente empieza desde un nivel muy práctico y minucioso. Otra gente empieza desde otro nivel distinto: empiezan a través de la inspiración. Escuchan a un orador que les inspira y se sienten elevados, y también uno puede empezar desde la curiosidad. Y se puede partir de una especie de evolución espontánea en la propia conciencia. Creo que la gente espiritualmente evolucionada inspira a los demás sin darse cuenta. Como influyen en el campo, la gente que normalmente no se interesaría por la espiritualidad de repente se vuelve curiosa, no por un impulso interno, sino como consecuencia del campo.

Por eso, si uno está rodeado de personas más evolucionadas espiritualmente, se da cuenta de que su propio interés se intensifica de manera espontánea, no por una decisión deliberada, sino porque es interesante. Pasa lo mismo que si estás con gente interesada en los deportes. Tiendes a escucharlos más y a interesarte más por ellos. En el entorno clínico, oímos todo el tiempo que la persona tiene algún tipo de desastre en su vida, una enfermedad, o drogas, o alcohol, o criminalidad, o penas y pérdidas, y ¿qué pueden hacer al respecto? La voluntad de entregar la vida a Dios es una de las herramientas espirituales más profundas.

La gente pregunta qué herramientas espirituales son las más poderosas. Yo siempre digo que la humildad, la voluntad de entregar la propia vida, de renunciar a querer controlarla, de renunciar a querer cambiarla, la voluntad de entregar tu forma de ver las cosas a Dios, o a un principio espiritual superior. Porque, para la mayoría de la gente, Dios no es una realidad, sino simplemente una palabra. Es una realidad esperada, pero no es una realidad experimentada por la mayoría de la gente, hasta que avanzan más espiritualmente y empiezan a experimentar la presencia del campo en sí, e intuyen su enorme poder.

Entonces reverencian a Dios porque respetan el poder infinito que empiezan a intuir. En la práctica, lo que podemos hacer es convertirnos en la mejor persona posible. Yo diría: llegar a ser amables con la totalidad de la vida en todas sus expresiones, pase lo que pase. Y eso incluye a uno mismo, estar dispuesto a perdonarse, viendo las limitaciones de la conciencia humana. Siempre he pensado que, cuanto más instruido estés sobre la cualidad de la conciencia y sobre su naturaleza, más fácil te resultará seguir los principios espirituales. Si comprendes que la conciencia humana es intrínsecamente inocente y que no puede controlar aquello por lo que está programada, porque no puede distinguir la verdad de la falsedad, empiezas a sentir compasión automáticamente. Así que siento que una de las razones por las que me gusta dar conferencias es que ciertas piezas de información ya son transformadoras. No tienes que sentarte con las piernas cruzadas, repetir mantras y meditar durante horas, o ir a un *ashram*. Una vez que comprendes la inocencia intrínseca de la conciencia humana, al instante eres capaz de perdonar a la gente.

Me impresiona el poder de la verdad espiritual y la información que transmite. Por eso investigo, y por eso escribo y hablo sobre ella; porque el mero hecho de haber oído hablar de ella ya cambia tu forma de sentirla y de verla en su totalidad. Si el ser humano no puede distinguir entre la verdad y la falsedad, ¿cómo puedes culparlo o matarlo por ser falso? Puedes sentir lástima de él. Así que ahora comprendes al instante lo que dijo Buda —solo hay un pecado y es la ignorancia—, que es lo mismo que dijo Jesús, y que dijo Krishna, aunque Krishna también dijo: "Aquellos que me veneran, aunque estén totalmente equivocados y vagando en la dirección equivocada, me pertenecen; son míos". Al final, pues, el hombre es perdonado a causa de su profunda ignorancia, y si hubiera sabido hacerlo mejor, lo habría hecho mejor. No puede hacerlo mejor hasta que sabe más, y la evolución de la conciencia es el medio por el que el ser humano aprende a saber más.

Solo cuando el sufrimiento llega a cierto nivel o a nuestra propia conciencia espiritual, debido a la presencia de la verdad espiritual de los que nos rodean, empieza a hacerse patente nuestra capacidad de elegir. Así, este tipo de situaciones evolucionan de tal modo que las personas aprenden, a través de la desdicha de una experiencia, que tienen que elegir otro camino. Sin el horror y el sufrimiento de ciertos tipos de dilemas humanos, nadie se vuelve hacia Dios. Es lo que se llama tocar fondo. Así que, cuando una sociedad toca fondo —cuando Oriente Medio ya ha sufrido suficiente agonía, cuando suficientes autobuses llenos de niños explotan en ambos bandos, cuando suficientes jóvenes son acribillados por las ametralladoras—, de repente alguien tiene la brillante idea de que tal vez ese no sea el camino. Entonces la sociedad hace un giro. Pero no se ha ganado el derecho kármico a dar el giro hasta que lo hace, hasta que realmente te diriges a Dios y le pides ayuda.

Se podría decir que, al no habérsela ganado, no se han beneficiado de la paz porque no quieren la paz. Nosotros queremos la paz para ellos. Es como si nosotros quisiéramos que otra persona estuviera sobria. Bueno, le decimos a la gente que vaya a Alcohólicos Anónimos. El primer paso de ese programa es dejar de querer controlar a los demás. Así que no podemos tratar de controlar a la gente y cambiarla porque tenemos una brillante idea sobre cómo nos gustaría que les fuera. No. Lo que podemos hacer es orar por ellos y tener en mente otra manera de ver las cosas. Vaya. Así que, si alguien está acostado en la cama por la noche y está consternado por cómo va el mundo, y su vida, y su país, y de repente surge de la nada una idea de cómo podrían ser las cosas, eso es el comienzo de la luz, que simboliza la propagación del espíritu. Por lo tanto, la propagación del espíritu es la única esperanza de salvación. Para que se produzca la evolución espiritual, tiene que haber una voluntad por nuestra parte, digamos una voluntad de ver la inocencia en los demás.

El doctor Hawkins cambia claramente el paradigma en el que nos encontramos muchos de nosotros. Intentamos contro-

lar a los demás en el mundo tratando de arreglarlos. Habla de que la sociedad toca fondo, explicando que, como el alcohólico, solo la propia sociedad puede hacer cambios. Explora esta nueva verdad. Si todos tus esfuerzos externos por transformar el mundo resultan vanos, centrar tus esfuerzos específicamente en tu propia vida libera tu energía para que fluya como quiere la divinidad.

La próxima vez que sientas que intentas controlar o arreglar a alguien o algo, tómate un momento y pregúntate qué es lo que temes. Tener claridad y luego elegir intenciones diferentes son pasos clave en el proceso de rendición.

CAPÍTULO 10

Experimentar más allá de la fantasmagoría

¿Cuáles son las cosas esenciales de las que no podrías prescindir en tu vida? Tal vez te gustaría hacer una lista de ellas y luego hacer otra lista de todo lo no esencial que actualmente te está estorbando en tu vida. A medida que reduces tu existencia a lo esencial, empiezas a comprender mejor los paradigmas que conforman tu vida y el funcionamiento interno del ego. Con el tiempo y la disciplina, aprendes a desprenderte de las tendencias del ego, del mismo modo que fuiste capaz de desprenderte, una a una, de las cosas no esenciales de tu vida. El mundo exterior refleja el funcionamiento interno.

En este capítulo, el doctor Hawkins ofrece aún más detalles sobre los beneficios que obtiene el ego. Explica que tú decides si quieres amar a Dios o luchar con las emociones del ego: vergüenza, culpa, miedo, venganza y odio.

Entonces, ¿cómo puedes abandonar estas tendencias que tiene el ego de pasar el rato con la vergüenza y la culpa? ¿Por qué el ego pasa el tiempo con la vergüenza, la culpa, el miedo, y todas esas cosas: con la codicia, con el deseo, con la lujuria, con el odio? ¿Por qué? Porque obtiene una recompensa. El ego tritura la negatividad y saca jugo de ella. El ego sobrevive en virtud del juego que obtiene. Ahora, si no lo crees, mira cualquier programa nocturno de televisión sobre el conflicto en Oriente Próximo. Tomemos Palestina e Israel. Son el mejor ejemplo. Están en las noticias todas las noches. Este bando le tira piedras al otro. Este golpea a otro con la manguera contra incendios. Este devuelve el golpe. Les encanta. Llevan siglos haciéndolo. Es un juego. Mira sus caras. Están llenos de odio. "Toma eso, hijo de puta. Muérete".

Están tan exaltados. ¿No ves cómo les excita, cómo se crecen con ello? ¿No ves que la paz es lo último que quieren? Lo único que necesitas es tener una nueva negociación de paz y las bombas comienzan otra vez. Cada negociación de paz es el fin de otro montón de niños. Detesto cuando llega una negociación de paz. Todos se quedan más tranquilos cuando mueren una serie de niños. Todos. Quieren la paz como un agujero en la cabeza. Son devotos de la guerra, del odio. El ego se alimenta de ello. Si tuvieran paz, ¿quiénes serían todos estos guerreros? No serían nadie. Serían estúpidos mirando al pasado. No serían nadie.

De acuerdo. La voluntad de renunciar a la recompensa del ego, entonces, te permite la experiencia de soltarlo todo a medida que surge. La voluntad de soltar la recompensa que suponen la pena, la ira, el resentimiento o el odio. Entonces, ¿qué le entregas a Dios en este camino de la entrega? ¿Qué significa la devoción? Te amo, oh, Señor, más de lo que amo el regocijo que obtengo de mis odios, de mis maldades, de mi vergüenza, de mi culpa, de mi venganza. O amas a Dios o amas la venganza. No puedes tener las dos cosas. O amas a Dios o amas la autocompasión. Así que siempre es una elección. ¿Estoy dispuesto a renunciar a esto por amor a Dios o no? Para llegar a estar iluminado, ese poder tiene que ser poderoso. Tienes que estar dispuesto a entregárselo todo a Dios —todo— porque, en el último momento, antes de que esa experiencia última se revele o esa condición tome el control, se te pedirá que rindas tu vida, el núcleo de lo que crees que es tu vida, el núcleo del ego, el yo, el verdadero tú de las últimas tropecientas vidas. Tienes que entregar eso por Dios. Da miedo, porque has soltado las recompensas. Miras todas las cosas, y ahora de repente hay como una presencia infinita que es como tú mismo, lo que crees que es tu yo, y uno también entrega eso. Hay un momento de terror y experimentas la muerte, la muerte una y única. Nunca la vuelves a experimentar. Nunca la has experimentado antes, y nunca volverás a experimentarla, pero hay una muerte a la que sobrevives. No sabes que vas a sobrevivirla.

El ego tiene la noción de que va a ser el mismo, solo que iluminado. Seguiré siendo yo, pero seré un yo iluminado. No. Tú no vas a ser tú. No serás tú. No vas a ser tú. Ya está. Verás, es mi responsabilidad prepararte para el último momento, porque si estáis aquí, os estáis dirigiendo hacia ese último momento. Si no, no estaríais aquí, en esta conferencia. Todo el mundo se dirige hacia el último momento, y a menos que escuches la verdad, no sabrás qué hacer. Por lo tanto, kármicamente estoy estableciendo que he dicho la verdad. En ese último momento te llegará este mensaje: "Camina recto, pase lo que pase. Muere por Dios". Y mientras entregas tu vida, surge la agonía de la muerte, y agonizas y mueres. Y entonces se alza ante ti el esplendor; lo que creías que era vida, no lo era.

Pero como es tan real, entiendes por qué lo has conservado todas estas vidas. Resulta convincentemente real que es tu vida, que es la fuente de tu vida.

***

El ego es muy, muy fuerte, o no habría sobrevivido todas estas vidas. En este último momento, te dice o sientes que estás entregando la fuente misma de tu vida, y en ese momento te digo que es seguro rendirse. Es seguro, pero tienes que saber que es seguro. Tienes que haberlo oído. Tienes que saberlo. Tienes que tenerlo en tu aura. Y de repente, de la nada, viene a ti. Camina adelante hasta atravesar. El dicho zen de caminar hacia el miedo sin importar qué, me ayudó a superarlo. "Sin importar nada" significa sin limitación, ni siquiera la muerte misma. Pase lo que pase, y por eso repito las palabras del maestro al que seguía en ese momento: sin importar nada.

Muy bien, a medida que te rindas, a medida que estés dispuesto a soltar, verás que el ego se aferra porque está obteniendo algo de ello. El ego de todo el mundo se resistirá a esto. Espéralo. Escuchemos al viejo ego: "Oh, este odio está justificado. Debería sentirme enfadado con este tipo", ya sabes a qué me refiero. Es muy astuto para convencerte de que el jugo que está obteniendo está justificado, es bueno para tu país, y ellos se lo merecen de todos modos. Renunciar a la autocompasión, renunciar a la ira, renunciar al resentimiento, renunciar a todo ello a través del perdón. Así que el poder en *Un curso de milagros* es estar dispuesto a perdonarlo todo y a salir de los campos inferiores de conciencia. Al principio, el ego se identifica con la forma: eso está aquí. ¿Cómo lo sabe? Porque lo registra a través del reconocimiento. Te darás cuenta de que, de todos modos, no hay ningún yo que esté pensando. Hay un observador, un experimentador.

En la meditación o en la contemplación, si te centras en el campo, te darás cuenta de que el presenciar está ocurriendo por sí mismo. No hay un *yo* que decida ser consciente de todas las personas que hay en esta sala. Está ocurriendo automáticamente. Para cada uno de vosotros, vuestra conciencia de todos los que están aquí está ocurriendo automáticamente. ¿No es así? No es porque estés diciendo: "Elijo ser consciente de todos los que están en esta sala". Está ocurriendo por sí mismo. No tiene sentido atribuirse el mérito. No te atribuyes el mérito de ser consciente de todo lo que ocurre en la habitación, porque ocurre por sí mismo.

Lo primero que notas con respecto a la conciencia es que es automática. La luz de la conciencia es automática. Se expresa como el observador, el experimentador a través de la conciencia. Si llegas a la fuente de esa facultad, verás que es una facultad impersonal. No hay ningún *tú* personal que haya decidido ser consciente. El *ser testigo* es algo que está sucediendo por sí mismo. Así que, en la meditación, dejas de identificarte con el contenido de la meditación —yo soy esto, yo hice aquello, y toda esa mierda; todo eso es una historia falaz— y te das cuenta de que soy el testigo de todos esos pensamientos, sentimientos y ese panorama. Yo lo llamo fantasmagoría. Es una palabra maravillosa. Me encanta esa palabra, fantasmagoría. Mi tía abuela solía tener algo para nosotros que era realmente especial para el día del cumpleaños, ella lo llamaba un monstruo Polifemo. Y cuando lo ponía ahí debajo, decía: "Eso es un monstruoso Polifemo". Era un juego de croquet o algo así, ya sabes. Monstruo Polifemo.

Así que toda esta fantasmagoría pasa por la mente. Todos los que han meditado saben que... recuerdos, pensamientos, fantasías, imaginaciones, música de los años 20 que escuchaste..., toda esa basura. Entonces te das cuenta de que eres el testigo involuntario. Tú no te presentas voluntario para ser el testigo. Eres el testigo. No tiene sentido atribuirse el mérito. No tiene sentido sentirse avergonzado por ello porque es automático. La conciencia es automáticamente consciente porque esa es su naturaleza, y es impersonal. Ser consciente es parte de tu herencia kármica. Uno empieza a identificarse con el testigo, el observador, luego con la consciencia, y luego uno deja de identificar la conciencia como algo personal, e incluso uno va más allá de lo manifestado y se da cuenta de que lo último y definitivo está más allá de toda forma, es lo inmanifestado, de lo cual surge la conciencia. Y eso te convierte en un Buda.

El karma es una cosa muy simple. Se argumenta en el cristianismo, pero todo eso es superfluo. Si Jesús lo enseñó o no, es irrelevante. Si es una realidad, es una realidad, tanto si Jesús enseñó sobre ella como si no. ¿Qué es lo que él sabía hace dos mil años? No sabemos lo que dijo. Era en un idioma diferente, una cultura diferente, al otro lado del mundo y hace miles de años, así que ¿cómo saber lo que dijo? Por eso nos parece muy, muy útil calibrar los niveles de conciencia, porque puedes decir: "¿Realmente dijo eso?" y puedes ponerlo a prueba.

Las personas que se dedican a la verdad espiritual descubrirán que la razón por la que me gustan ciertos tipos de iniciativas no confesionales, como esta congregación y otras similares, no es porque estén comprometidas con algún acontecimiento histórico de hace miles de años, con alguna otra cultura en alguna otra tierra, en algún otro continente, en algún otro idioma que no se ha hablado durante mil años, y ahora se supone que tienes que tomarlo al pie de la letra, sino más bien por la realidad espiritual que puedes verificar aquí y ahora. Todos los místicos iluminados de todos los tiempos han dicho exactamente lo mismo. No ha habido variación alguna. Y me gustan las empresas espirituales que se dedican a los principios espirituales básicos y a la verdad, que prevalece en toda religión y que es intrínseca a la enseñanza de cualquier místico.

Cualquiera que haya realizado la verdad dirá exactamente lo mismo, porque no es posible decir otra cosa. ¿Por qué? Porque no hay un yo personal que tergiverse la verdad. Nadie tiene ninguna inversión en hacerlo: no supone ninguna ganancia ni ninguna pérdida. En consecuencia, la verdad no distorsionada es siempre la misma. Krishna no podría haber dicho nada diferente de lo que se ha dicho hoy. No pudo decir nada diferente de lo que dijo Cristo. No pudo decir nada diferente de lo que dijo Buda o cualquier otro místico. Solo hay una verdad, y solo puede conocerse subjetivamente; la fuente de nuestra propia existencia, la presencia subjetiva y radical del yo como Dios inmanente es el único absoluto que puede conocerse. No es posible conocer otra cosa. Se puede hablar de ello, pero la única manera de conocerlo es siendo ello. Puedes saber cosas acerca de un gato, pero a menos que seas un amigo de los gatos, estás hablando intelectualmente. Solo un gato sabe lo que es ser gato. Esto es un hecho. Lo hemos confirmado muchas veces. En nuestra familia, la autoridad en "gatología" es el gato.

Una vez fui jefe de personal de una casa de recuperación para chicas adolescentes. Una de las chicas me dijo que quería salir de allí. No había estado en otro lugar mejor en toda su vida, pero quería irse. Había convivido con la crueldad, la pobreza, los barrios bajos, las drogas, el abuso sexual y físico; así que salió a la calle, se drogó, robó algo y la metieron en la cárcel. Ahora está en el mejor programa de tratamiento residencial del país: colegios privados, academia exclusiva, servicios ecuestres, treinta y cinco caballos preciosos, ciento cincuenta acres de asesoramiento individual, un psiquiatra estupendo. Lo mejor de todo. Pero ella sigue queriendo irse.

Esto es aferrarse: el yo del ego es codicioso. Y por eso dice: "Quiero libertad", y la forma de conseguirla es ser violenta y mala. De hecho, cuanto más te niegas a dejarla salir, más violenta se vuelve. Hace agujeros en la pared. Amenaza con suicidarse. Se hace cortes, amenaza con suicidarse, con cometer homicidio y todo eso. Así que ahí está, en una jaula que ella misma se ha creado, y así es como piensa que va a conseguir los plátanos. Así que después de un poco de asesoramiento, le dije: "¿Sabes cómo puedes conseguir los plátanos?". Me dijo que no. Y añadí: "Tienes que darles la espalda a los plátanos porque este es otro camino diferente hacia la libertad".

Así que, si queremos la iluminación, lo que tenemos es un deseo del plexo solar, un impulso compulsivo y obsesivo al respecto. Pensamos que se trata de conseguir algo. No.

***

¿Qué crees que había detrás de todas esas guerras? Testosterona. Todo el daño, los crímenes, los asesinatos, el caos, todo eso es la testosterona enloquecida del mundo. Así es. Toda esa testosterona que había ahí fuera mató a diez millones de personas en el último siglo. Por el *führer,* dedica tu testosterona al *führer.* De eso se trata, ¿no? Demuestra que eres un hombre. Demuestra que eres valiente. Sé agresivo. Sal ahí fuera y sé un buen asesino.

Para alcanzar la iluminación tenemos que darle la espalda a eso, porque lo que se necesita es rendir todo a Dios. Estamos enjaulados y nuestros brazos salen entre los barrotes. Queremos cosas: primero es un plátano, luego un millón de dólares. Y cuando soltamos eso, de repente nos damos cuenta de que hemos sido libres todo el tiempo. Hemos sido libres todo este tiempo, estábamos buscando la libertad, y ya somos libres. Deja de preocuparte por la supervivencia porque el campo del yo garantiza automáticamente tu supervivencia hasta tu final kármicamente destinado. El ego dice: "Si no fuera por mí, no sobrevivirías. Si no fuera por mí, no te acordarías de tomar tus vitaminas". No. La razón por la que te acuerdas de tomar tus vitaminas es porque tu ego está impulsado por tu Ser. El campo infinito sabe que estás destinado a quedarte aquí hasta los 97 años y *también* sabe que necesitarás vitaminas para hacerlo, e incita al ego a decir: "Oye, más vale que compruebe mi colesterol". Entonces haces *Un curso de milagros* y piensas que el colesterol no puede matarte, que todo está en tu cabeza. Puedes volver a comer hamburguesas con queso. Puedes irte de aquí cuando te vayas de aquí. ¿Sabes a qué me refiero?

El trabajo espiritual serio tiende a producir una especie de regocijo. Hay una especie de campo kármico detrás de él. Hay momentos en que es interesante. Luego lo dejas en paz. Entonces te encuentras con un nuevo libro y te vuelves a meter en él. Crees que viene de ahí fuera. No viene de ahí fuera. Viene de las propensiones kármicas cíclicas dentro de ti. Y entonces algo realmente te atrapa, y empiezas a moverte en ello, y el impulso se va acumulando. Y llega un punto en el que se convierte en el enfoque primario de tu ser, y en ese momento comienza el gran impulso para llegar al final. Estás dispuesto a dejarlo todo, a poner tus cosas en la parte de atrás de la camioneta y alejarte de todo.

Así que todos sabemos que el camino hacia Dios ha sido recorrido muchas veces y que no estamos solos, porque todos estamos juntos como uno solo al hacerlo. Todos los que estamos en el planeta en este momento vamos a estar fuera de él. Todos nosotros entramos en el planeta al mismo tiempo. Todos los que estamos en esta sala vamos a estar en el otro lado dentro de poco, ¿verdad? Entramos y salimos. Así que, hasta cierto punto, creo que entramos por la inspiración de un grupo. Eso es lo que nos une, una inspiración compartida. No es consciente. No se habla de ello, pero se sabe que nos pertenecemos mutuamente y hemos de estar juntos.

Hay momentos de nuestra vida en los que nos sentimos solos. En esos momentos es difícil comprender la idea de que todos somos uno. Somos parte de lo divino y nunca estamos solos. Puede ser útil meditar en esto o contemplarlo, explorar que realmente eres uno con toda la existencia. Quizás puedas utilizar todos tus sentidos mientras realizas esta exploración. Sal a la naturaleza, explora, siente y huele los árboles y las flores. Cuando comas, saborea la comida, sabiendo que también forma parte de ti y de la divinidad que lo es todo. Mientras observas a los demás a lo largo del día, puedes tomarte un tiempo para explorar las conexiones que tienes con cada uno de los individuos que conoces. Puede que desees conectar con tus ángeles y guías celestiales, sintiendo de nuevo la unidad que tienes con ellos. Date permiso para experimentar plenamente la unidad con toda la existencia y abre tu corazón y tu mente a la conexión con todo.

CAPÍTULO 11

El alivio del sufrimiento humano

¿Dónde te llama tu corazón? Si no estás seguro, quizá quieras reflexionar sobre tu vida, anotando lo que más te conmueve, lo que más te inspira. Remontarte a la primera infancia y, desde ahí, venir hasta el momento presente y marcar las áreas de la vida que más te atraen puede resultar útil. Parte del coraje para caminar con atrevimiento reside en declarar nuestras intenciones espirituales y luego confiarlas a lo divino, teniendo fe en que todo ocurrirá tal como debe.

En este capítulo, el doctor Hawkins profundiza en el poder de la entrega, tanto al silencio como a nuestros deseos. Termina esta sesión proporcionándote una perla, la herramienta más poderosa y accesible que tienes a tu disposición mientras continúas tu viaje hacia la iluminación.

No puedes ver algo "ahí fuera" hasta que no lo hayas visto dentro de ti. La voluntad de renunciar a los posicionamientos por un sentimiento de humildad ante Dios significa que uno está dispuesto a aceptar la posibilidad de que los seres humanos somos intrínsecamente inocentes y sufrimos una profunda ignorancia, y que la única forma de salir del sufrimiento es trascender esa ignorancia por medio de la verdad espiritual. Entonces, uno se convierte en un estudiante de la verdad espiritual en su vida personal o incluso, eventualmente, en su vida profesional. Así, la medicina, la psiquiatría, tratan sobre el alivio del sufrimiento humano. Por eso practiqué el psicoanálisis. Cada una de las cosas que practiqué fue para agudizar la capacidad de ayudar a aliviar el sufrimiento humano en todas sus formas, ya sea la psicofarmacología o la comprensión de los conflictos inconscientes. Si uno se dedica a ese empeño, acaba yendo hacia la verdad espiritual y los programas espirituales, porque no hay otra respuesta para muchos dilemas humanos, igual que no hay otra respuesta para la muerte de un ser querido que entregarse a Dios y a la voluntad de Dios, y sabiendo que, con el tiempo, la verdad espiritual curará todo el dolor.

La forma en que trascendemos todo eso se remonta a la humildad, a la voluntad de soltar nuestra forma de ver las cosas y dejar sitio a la verdad espiritual, que viene por sí misma. La gente no se da cuenta de que cuando uno se queda en silencio, de repente de ese silencio surge una realización. Intentamos forzar una respuesta o forzar que Dios nos dé una respuesta mediante una exigencia. Muchas oraciones no son más que exigencias. Intentamos forzar a Dios a que responda a nuestra petición, que se disfraza de oración. Intentas obligar a Dios a que te dé un Ford nuevo. Cuando realmente nos rendimos a la voluntad de Dios, de repente lo vemos de otra manera, y cuando lo vemos de otra manera, nos damos cuenta de que no hay pérdida. La fuente del dolor desaparece, y cuando la fuente del dolor desaparece, salimos de la ignorancia y de cómo estábamos viendo las cosas. Mediante la rendición constante a Dios, todas las cosas se resuelven por sí solas, incluso los asuntos espiritualmente muy avanzados y complicados.

La mejor manera de ofrecer una oración por un Ford es entregar tu deseo de tener un Ford. ¿Por qué querías el Ford? Porque piensas que la felicidad es algo que viene de fuera de ti. Si tengo el Ford nuevo, tendré éxito y entonces me sentiré feliz. Así que todos los deseos tienen asociada la creencia inconsciente de que nos traerán la felicidad, pero eso nos hace muy dependientes del mundo externo. Y así, nuestra felicidad es siempre vulnerable y, por lo tanto, vivimos todo el tiempo con miedo, porque si la fuente de la felicidad está fuera de ti mismo, siempre estás en una posición débil y posiblemente de víctima. Si la fuente de la felicidad es la autorrealización dentro de uno mismo, entonces nadie puede quitártela, e incluso llegas a un punto en el que, si vives o mueres, en realidad es irrelevante. Muchas veces es como si estuvieras mirando a la muerte a la cara, y si te vas, te vas y si no te vas, no te vas. Y no es para tanto, francamente.

Cuando nos vemos acosados por un deseo, nos estamos preparando para el sufrimiento. La no dualidad devocional significa que, por devoción a la verdad y a Dios, estamos dispuestos a entregarlo todo pase lo que pase, incluso la vida misma. Entonces está resuelto, y hay algo que lo reemplaza, que es mejor de lo que hubiera sido el Ford nuevo.

Creo que la más práctica de todas las técnicas espirituales es la contemplación. ¿Por qué? Porque hay dos estilos diferentes de contemplación, y hay dos estilos comparativos de meditación. Hay uno al que llamo enfoque central y otro al que llamo enfoque periférico. En la meditación, uno puede concentrarse intensamente en lo que imagina que es el momento, dejando constantemente de querer cambiarlo y entregándoselo a Dios a medida que surge, y esto es concentrarse en el enfoque del campo. En la contemplación uno hace lo mismo. Uno se enfoca intencionalmente en la tarea que tiene entre manos: pelar una patata, o lo que sea que esté haciendo. Uno concentra fijamente el foco de atención en este momento y deja de querer cambiarlo. En otras palabras, se trata de rendirse constantemente al momento tal y como surge.

En el estilo más periférico de meditación y contemplación, en lugar de enfocarse en el enfoque, uno se enfoca en el campo. Creo que esa es la técnica más rápida, en la que uno siempre es consciente del campo en lugar del enfoque. Así, las personas que se centran en el campo entran en una habitación y captan al instante la energía de esa habitación, la esencia general de lo que está ocurriendo allí. Y si les preguntas qué aspecto tiene alguien de la sala, no te lo podrán decir porque no se han centrado en eso. Lo que captan es el ambiente, la energía general, el estado de las condiciones imperantes. Por ejemplo, uno puede captar eso rápidamente e intentar definirlo más tarde. Si se entra en contemplación o meditación en el campo mismo, porque el campo está más cerca de la realidad última, creo que es más rápido y más eficaz. La razón por la que te centras en algo específico es la intención. Cuando cambias el enfoque al campo, trasciendes la intención, y es más una rendición a las condiciones prevalecientes que un intento de cambiarlas. Lo mismo ocurre en la meditación con los ojos cerrados, en la que te sientas en silencio y observas el contenido de la mente sin ninguna intención de cambiarlo. Observas los pensamientos pasar a la deriva —las imágenes, los recuerdos, las fantasías, las imaginaciones— y, en lugar de centrarse en el contenido del pensamiento, uno empieza a centrarse en cuál es el campo en el que se está produciendo ese pensamiento. Si hacemos eso, notamos, como mencioné antes, que principalmente el 99 por ciento de la mente en realidad está bastante silenciosa, está meramente observando y presenciando. Así comienzas a trascender la identificación con el contenido del pensamiento y empiezas a convertirte en el observador, el testigo del pensamiento.

Por tanto, en lugar de pensar: "Yo soy la mente", uno entra y se convierte en el testigo de la mente, en el observador de la mente, y finalmente uno se da cuenta de que es el campo en el que el testigo y el observador conocen el contenido de la conciencia. Y entonces, de repente, uno se da cuenta de que uno es el campo infinito del que surge la conciencia misma, antes del tiempo y de todos los conceptos de tiempo, antes de la percepción, antes de cualquier creencia en algo como la causalidad. Entonces la mente deja de pensar, de intentar descifrarlo. Deja de memorizar. Deja de editar. Deja de autojustificarse. Y te darás cuenta de que la mente, en su estado ordinario, pasa mucho tiempo especulando, ensayando, tratando de reinterpretar el pasado, tratando de encontrar una mejor manera de verse a sí misma y los acontecimientos pasados, autoexcusándose, culpando a los demás. Así que esta mente es una especie de fantasmagoría sin fin.

Y en lugar de ser la víctima de la mente, y decir: "¿Cómo puedo hacer que mi mente deje de pensar?" o "Me voy a la cama por la noche y mi mente sigue pensando", uno puede trascender la identificación con el contenido de la mente, y no requiere mucho esfuerzo. De hecho, es bastante fácil permitirse rendirse y darse cuenta de que uno es el testigo del pensamiento, uno es el campo de conciencia del pensamiento, e identificarse con la conciencia misma, con la comprensión de que la verdad superior es que uno es la conciencia misma y no el contenido de la conciencia. Luego viene darse cuenta de lo que es la fuente de la conciencia, y al darse cuenta de cuál es la fuente de la conciencia, uno entra en un campo de conocimiento en el que el conocedor y lo conocido son una misma cosa. Y en ese punto, uno ha trascendido la dualidad, y ve que no hay diferencia entre el conocedor y lo conocido, que son uno y lo mismo. Y se da cuenta y se identifica con la fuente de la existencia misma, la fuente de la conciencia misma, y con ello surge la sensación de estar en casa.

Entonces, la sensación de entrar en ese campo de conciencia es como si uno hubiera pasado toda su vida añorando su hogar y finalmente estuviera en casa de nuevo. Ese sentido del yo es más central que el que te da el pronombre yo. Lo que uno pensaba que era en realidad es bastante periférico con respecto a la realidad del verdadero Yo (Ser). Y así se pasa del yo con "y" minúscula al Yo con "Y" mayúscula, y entonces uno está por fin en casa. El paso más fácil es del contenido del pensamiento al testigo del pensamiento. No hace falta ser un gran genio. Alguien se queja de que su pensamiento le está volviendo loco, y yo le digo: "Bueno, ¿y cómo lo sabes?". Pues porque lo experimento. Entonces, tú no eres los pensamientos. Eres el experimentador de los pensamientos, o no te estarías quejando. Los pensamientos no se están quejando. Los pensamientos no dicen: "Ayuda, ayuda, ayuda". No, eres el experimentador de los pensamientos. Como ves, yo soy el experimentador de los pensamientos.

Ahora bien, ¿cómo sabes qué pensamientos estás experimentando? Porque los estás presenciando. Los estás registrando. Así que puedes salir de la identificación con el contenido de la conciencia, el pensamiento, para ser el observador, el testigo, el experimentador, y eso ya te lleva un paso más allá. Entonces ya no eres víctima de él. Eres el testigo. No estás en el accidente. Eres un espectador. Así que pasas de estar en el accidente a ser el espectador del accidente. Eres el testigo de la tragedia. Eres testigo del pensamiento. Eres el testigo de la culpabilidad. Así que, con un poco de meditación y un poco de contemplación, es fácil darse cuenta de que lo que realmente eres es el testigo experimentador. Tú eres el testigo experimentador. No eres lo que está siendo presenciado. No eres el cuadro en la pared, obviamente. Y no puedes ser el recuerdo, porque lo que estás pensando sucedió ayer, y hoy es hoy, a menos que también puedas estar en ayer y hoy al mismo tiempo. Obviamente, lo que eres es el testigo de los pensamientos. De lo que nos quejamos es de la experiencia.

Entonces pasamos a los sentimientos. De modo que no somos nuestros pensamientos. No somos la mente. El siguiente paso es salir de los sentimientos. Hablamos antes de los sentimientos, de cómo los sentimientos son una forma de alimentarse de uno mismo. El ego se alimenta de la indignación. Se alimenta de la autocompasión. Así que observas la mente, y ves que yo no soy el contenido de los pensamientos. ¿Qué hay de los sentimientos que los acompañan? Observas los sentimientos y ves que esos sentimientos se alimentan de sí mismos. Si eres estrictamente honesto contigo mismo, te darás cuenta de que estás sacando mucho provecho de ser la víctima. Estás sacando mucho de ser el agraviado. Estás sacando mucho de ser el incomprendido. Ahora tienes que estar dispuesto a renunciar a la recompensa. Tienes que estar dispuesto a renunciar al jugo que obtienes de ser la víctima, el agraviado, el incomprendido, el descuidado, el abusado, y sueltas lo que estás obteniendo del victimismo y el dolor y el sufrimiento y la injusticia, todos estos beneficios.

Así que la forma de escapar de los sentimientos es abandonar la recompensa que uno obtiene de ellos. ¿Estoy dispuesto a renunciar a la recompensa que obtengo de esto, y es mi amor y devoción a Dios mayor que mi autovictimización? Entonces empiezas a ver que no eres víctima de nada que esté ahí fuera, que toda victimización es autovictimización. Incluso si eres, desde el punto de vista del mundo, la víctima de un accidente. Bien, el dolor y el sufrimiento que obtienes del accidente es una especie de subproducto del ego. Digamos que pierdes un dedo en un accidente. Bueno, uno puede sumergirse en la ira, la rabia, la indignación, la autocompasión, o puede simplemente entregárselo totalmente a Dios y decir: "No sé qué significa ni por qué ha ocurrido". Y puede pasar algún tiempo antes de que te des cuenta de cuál era la configuración kármica para que eso sucediera.

Pero, cuando lo ves, una vez que captas lo que es, entonces está bien. Está bien. Así que el sufrimiento, una gran cantidad de sufrimiento, viene de... En realidad es consecuencia de la ignorancia espiritual. Como mencionamos, todos los grandes avatares han dicho que, en realidad, el problema básico del ser humano es la ignorancia. Así que la investigación espiritual y la investigación de la conciencia están diseñadas para superar esa ignorancia sobre nosotros mismos, sobre la condición humana, sobre la naturaleza de la conciencia misma, sobre la realidad espiritual, y luego utilizar ese conocimiento para liberarnos de las cadenas que nos han atado a lo largo de todas estas vidas, pues de otro modo ya todos nos habríamos convertido en Budas.

***

Mucha gente dice: "No tengo tiempo para meditar". Y por eso estoy a favor de la contemplación, porque la contemplación continúa todo el tiempo, en todas partes. Incluso se convierte en un hábito, una forma de estar en el mundo, en la que realmente no te aferras a nada. Si la película empieza, empieza, y si no empieza, haces otra cosa. Así que no estás a expensas del mundo, no dependes de la mente, si te fusionas e identificas cada vez más con el campo en el que ocurren todos los fenómenos, entonces te vuelves cada vez más independiente del contenido de la vida. Puedes sentarte en el campo y meditar, o puedes sentarte en la película e ignorar la película y meditar. Puedes tener la televisión encendida e ignorarla completamente. Así que el estado interior de uno es independiente, y es una cuestión de elección. Uno puede ver la película o no verla. Uno puede involucrarse en ella o desapegarse de ella. Pero eso es volitivo, y para la persona promedio eso no es volitivo. Tienen que cambiar de canal porque están bajo el efecto del canal.

Así que trascender la identificación con el contenido de la conciencia es la forma más rápida de llegar a un estado en el que sueltas todo a medida que va surgiendo. Esto nos lleva de nuevo a la intencionalidad. La intención, entonces, de la devoción a Dios implica estar dispuesto a rendir la voluntariedad a Dios. En todo momento estamos entregando nuestra voluntad. Como dijimos, el jugo que obtenemos del ego proviene de la voluntad de sacarle jugo al ego. Cuando dejas ir esa voluntad de sacarle todo el jugo que puedas, entonces se detiene, pues no obtienes ninguna satisfacción de ello. Renunciamos a la voluntad. Así que este es el camino más rápido hacia Dios. Ramana Maharshi y maestros espirituales como él decían que puedes estar toda una vida practicando técnicas espirituales y meditación y cosas así, o puedes rendirte a Dios a gran profundidad. Entregarse a Dios a gran profundidad puede llevar una fracción de segundo, pero llegar a ese segundo puede llevar toda una vida de agonía y sufrimiento. Sin embargo, la información espiritual acorta el período de tiempo que se necesita para llegar a ese momento. Esperar a que ese momento llegue espontáneamente puede llevar, como dijo Buda, eones de tiempo. Con la preparación espiritual, haber escuchado cierta verdad espiritual acorta ese tiempo drásticamente. Ahora, al menos, uno es consciente de cuál es el problema.

La persistencia en la voluntariedad, entonces, es lo que impide la iluminación. Eso y solo eso, una sola cosa, la insistencia en lo que quiero, en lo que deseo, en cómo lo veo; de modo que el yo personal y sus imperativos se interponen siempre en el camino. Estar dispuesto a entregar la propia voluntad a

Dios, la no-dualidad devocional, significa que el amor de Dios es tan intenso que uno está dispuesto a entregar su voluntad personal. Uno se encuentra cara a cara con esto en el momento final, digamos, después de todas estas vidas y de las técnicas y la evolución espiritual. Uno empieza a trascender el ego y a aflojar su control. El intento de dominar las cosas con la propia voluntad y cambiarlas disminuye, ahora surge la entrega como un estilo y una forma de ser.

Así, a medida que todo surge, se entrega a Dios para que sea lo que es en ese momento, sin ningún deseo de cambiarlo. La rendición de la propia voluntad tira entonces de los puntales del ego, que se debilita y colapsa, y uno entra en un estado increíble. En ese increíble estado de conocimiento infinito no hay ninguna persona presente que tenga el conocimiento. Es el conocimiento conociéndose a sí mismo, y entonces llega el único momento posible de la muerte. Todas las veces anteriores que uno dejó el cuerpo, muy a menudo fue una broma. Muy a menudo fue un gran alivio. Muchas veces fue realmente cómico, aparte de todo el drama que la gente le pone. La experiencia en sí muchas veces es un gran alivio, y uno se alegra de librarse de ella y salir de allí.

Así que nunca experimenta la muerte, y todos los momentos de la vida en los que se teme a la muerte acaban siendo una broma. Pero hay una muerte, y solo una, que uno puede experimentar, y ahora esa muerte comienza a surgir como una profunda realidad aparente, porque lo que siente, conoce, capta, siempre ha sido el núcleo del sentido de uno mismo, el núcleo de la propia existencia, y ahora surge y se interpone entre uno y la realidad última. Y ahora entiende que se le está pidiendo que entregue su vida a Dios, lo que crees que es tu vida, lo que siempre has experimentado como el núcleo y la esencia, el centro mismo, la fuente misma de la vida. Te enfrentas a esta entrega de tu vida a Dios. Entonces, en ese instante, llega el conocimiento de alguna realidad espiritual superior, que no se expresa verbalmente, pero es un conocimiento que viene a ti porque lo has escuchado de aquellos que se han iluminado en vida. Entrégalo todo a Dios, pase lo que pase, incluso el miedo a perder la vida, incluso lo que crees que es tu vida misma. Si te planteas decidir sobre lo que consideras la fuente de la vida misma, lo cierto es que no puedes manejar la fuente de la vida misma, porque aquello que es la fuente de la vida misma no es algo que puedas entregar.

Así que te enfrentas a renunciar a lo que crees que es el núcleo y la esencia de tu propia existencia. El hecho de que pienses eso ya indica que es falaz. Te llega un conocimiento intuitivo mayor que proviene de los grandes seres que han recorrido ese camino, y entonces surge la gran fe —por eso se llama devocional—, y descubres que dentro de ti, en realidad, tienes la capacidad de entregar tu vida misma a lo desconocido. Todo lo conocido, durante todas estas vidas has creído que es el núcleo y la fuente de tu propia vida, y ahora debes entregárselo a Dios. Y en ese momento final, sí que se muere, y hay una fracción de segundo de agonía cuando uno se siente a sí mismo, al menos en este caso particular. Está presente la agonía real de morir, la primera y única vez que la has experimentado. Después de un breve segundo de lo que parece una agonía insoportable, uno se siente morir y de repente explota en la comprensión de que no hay muerte posible, de que tú eres la fuente de todo lo que ha existido, a lo largo de todo el tiempo, antes de todos los universos, después de todos los universos, lo que tú eres es intocable. Y la fuente de la existencia misma no es diferente de la verdad y la realidad de lo que eres. Y a partir de ahí, la muerte es imposible porque no hay nadie que muera. No queda nadie para morir porque ahora no hay nadie. Habiendo renunciado a lo que pensabas que era el yo, a ti mismo, a la unicidad de ti mismo, porque se ha ido, no queda nada que pueda morir. Y así el miedo a la muerte se extingue para siempre.

Y entonces, en ese momento, todo sucede espontáneamente, y eres testigo de ello, y lleva un tiempo considerable, al menos en mi caso, aprender a navegar dentro del mundo porque el cuerpo camina por sí mismo, todo sucede espontáneamente. Lo mejor que se puede hacer es tratar de reenergizar la mente para, por lo menos, anticipar las cosas y aparentar normalidad, relacionándose con lo que el mundo considera "normal", a fin de permanecer en el mundo. En mi caso, eso no fue posible, y fue necesario abandonar el mundo durante algunos años. Incluso ahora, muy a menudo, cómo navega el cuerpo es absolutamente un misterio. De alguna manera, el universo se encarga. Verás, el cuerpo se mueve por ahí por sí mismo, espontáneamente, así que obviamente algo lo está moviendo, pero no hay ninguna fuente o punto central de volición que, a través de la intención, diseñe cómo se moverá o qué hará. Se mueve automáticamente.

Y eso es lo que se llama, supongo, en términos junguianos la *persona*, lo que interactúa con el mundo y refleja el mundo. Así que lo que el mundo ve es lo que el mundo refleja sobre sí mismo, pero no hay una realidad central en ello, porque uno es el campo, no el contenido del campo. Y lo que se ve es el contenido del campo. Ya no se trata de lo que uno hace. Se trata de lo que se es para el mundo, y cómo uno mantiene la conciencia de la humanidad. El servicio se desplaza ahora del individuo al campo mismo, del mismo modo que se interrumpe la identificación de uno con el campo. Entonces, la identificación de uno con el campo energiza el campo. Y así trata de servir a la evolución de la conciencia de la humanidad tal como está en este momento, y de servir a Dios con cualquier capacidad que le surja. Sin embargo, esa capacidad está ocurriendo por sí misma, así que no se atribuye el mérito ni el descrédito.

***

Con frecuencia tienes permiso para abandonar el cuerpo. En realidad, el permiso es un permiso permanente, en cualquier momento. El permiso se hace más evidente a veces. Hay momentos, quizá en medio de una conferencia, en los que se vuelve muy fuerte y es difícil de explicar en términos ordinarios. Uno sabe que está siendo invitado a irse en ese momento, no solo permitido sino casi invitado, atraído a irse. No hay forma de saber qué decisión se tomará, porque nadie toma las decisiones, así que uno observa. Si el cuerpo se cae y deja de respirar, bueno, pues ese es el camino que ha seguido. Y si sigue caminando por el pasillo, ese es el camino que ha seguido. Pero uno no lo sabe hasta que ve lo que pasa.

Lo más parecido a esta descripción ocurrió una vez en medio de una conferencia, cuando caminaba por el pasillo —o mi cuerpo caminaba, lo que el mundo llama *yo*— y sentí un fuerte tirón para irme, como si me llevaran de vuelta al cielo, como un imán o algo así. Y entonces no sabía si iba a seguir caminando o no. Y, por algún medio místico, el cuerpo siguió caminando, y aún sigue haciéndolo. Hay muchas cosas que realmente no pueden explicarse en términos que sean comprensibles para el pensamiento ordinario. La gente es capaz de comprenderlo, se podría decir que inconscientemente, o a través del campo de su propia realidad espiritual, así que la realidad espiritual es capaz de comprender lo que se acaba de decir, pero la mente y el ego no pueden, porque en el mundo de la verbalización no hay una terminología correcta que lo describa adecuadamente.

Pero creo que la gente ha estado en estados de sueño, y todo eso, y la gente que ha vivido experiencias cercanas a la muerte lo sabe muy bien. Puedes irte o no. Cuando era adolescente y tuve esa experiencia en la nieve, fue bastante similar, porque la respiración se detuvo; todo llegó a una absoluta perfección inmóvil. No tenía que seguir respirando ni reanudar el cuerpo físico en absoluto, pero en ese instante, lo vi en mi padre. Si el cuerpo no hubiera reanudado la respiración, mi padre me habría dado por muerto, porque él creía en la muerte. Es decir, todo el mundo cree en la muerte. Bueno, en cierto estado, te das cuenta de que la muerte no es posible, pero vi que él no lo sabía, así que estaría afligido por lo que él creía que era mi muerte, así que volví a respirar. La muerte no es una posibilidad. La energía de la vida puede transformarse de una forma a otra, pero no puede extinguirse, igual que la ley de la conservación de la energía o la ley de la conservación de la materia. La ley de la conservación de la vida es que la vida no puede extinguirse.

El doctor Hawkins termina este capítulo recordándonos que no somos nuestros cuerpos físicos y que nuestro espíritu, nuestra verdadera esencia, no muere. Teniendo en cuenta esta verdad, ¿en qué medida la aplicas a tus miedos actuales en torno a tu muerte y a la muerte de tus seres queridos? Tal vez quieras intentar una visualización en la que imagines tu muerte, pero experimentes la continuidad de la vida de tu esencia a partir de ese momento.

CAPÍTULO 12

Eliminar los obstáculos al amor

Al empezar este capítulo, tal vez te preguntes cómo podrían transformarse tu familia, tu trabajo, tu país y el mundo en su conjunto a medida que tú comienzas a hacerlo. Dándote permiso para entrar en el reino de lo posible, ¿cómo podría cambiar tu mundo?

A medida que avances en este capítulo, quizá quieras reflexionar sobre cómo puedes empezar a aplicar la sabiduría y los conocimientos que has adquirido en este libro a tu vida espiritual.

Cuando hablamos de rendirse a la verdad, de compromiso con la verdad, el camino de la no-dualidad es que estás comprometido con la verdad por sí misma, porque la verdad es una expresión de la divinidad. La verdad es la divinidad expresada en una forma comprensible para el ser humano, porque la verdad está presente en todo momento como la fuente de la propia existencia, pero el ser humano no puede conocerla porque no le presta atención. De acuerdo. Así que la verdad tiene que ser aquello a lo que te dedicas, para que las fichas caigan donde tengan que caer. Esa voluntad de renunciar a cualquier interés personal en la respuesta que obtengas es donde la gente tiene dificultad. Quieren que calibres a su gurú favorito y te dicen que es el salvador de la humanidad. Cada semana recibo docenas de gurús favoritos que son los avatares que están salvando a la humanidad, y siempre calibran alrededor de 289 o algo así.

Son personas dulces y adorables, así que los convertimos en lo que queremos que sean. Proyectamos la salvación en ellos. A cierto nivel, estamos viendo la verdad porque es cierto que el amor mismo es la salvación de la humanidad. Así que muy a menudo el adorador es de una conciencia superior a la del supuesto avatar, y lo que está sucediendo es que está proyectando su amor incondicional y pensando que la Madre Tal y Tal va a salvar a la humanidad. Proyectan su corazón en esa persona y la ven como la gran salvadora. Así que su ingenuidad es conmovedora cuando me preguntan: "¿En cuánto calibra?". No sé qué responder, porque sé que piensan que va a ser 800, y yo sé que es 284.

Nuestra dedicación a la verdad tiene que ser del tipo: quiero saber la verdad porque quiero saber la verdad, y entonces obtienes respuestas honestas, no tienes intereses creados. Ahora bien, en cuanto a la técnica en sí, como ya he dicho, la energía es rápida, así que no queremos que suene ninguna música de fondo. Una música que calibre en 700 lo estropearía todo. Quieres paz y tranquilidad, y no quieres tener distracciones.

Este tampoco es un momento para el afecto. Ella es una paciente; yo soy el médico. Mantenemos una actitud clínica el uno con el otro. Nos mostramos distantes. Solo preguntamos por un hecho objetivo, como si quisiéramos saber el voltaje de esta batería. Entonces presiono hacia abajo con solo unos cincuenta gramos de presión. Estoy presionando, no estoy tratando de romperle el brazo. Mira, en ciertas partes del mundo en las que hemos estado, era como si todos estuvieran en el mesomorfismo, eran fuertes y atléticos, todo músculo, y cuando empujaban hacia abajo les teníamos que decir: "Esto no es una prueba de fuerza, amigos". Estás tratando de captar cuánta resistencia ante esa cantidad de presión.

Así que mientras presiono hacia abajo, ella se resiste en cierta medida a mi presión. La persona que tengo en mente está por encima de 200. Resiste. Ahora bien, a veces obtendrás respuestas diferentes de las que esperabas. Eso es algo distinto. Cuando estás calibrando números, o estás calibrando sí y no, lo más simple es el simple sí y no. Como he dicho, descubrimos que no es *sí* o *no*. Es *sí* o *no sí*. Y hoy no hemos entrado en la mecánica cuántica, pero las matemáticas de la física teórica avanzada, y finalmente la mecánica cuántica, nos lleva al hecho de que la naturaleza solo puede decir sí; no puede decir "no". Dice sí o no sí, y esto concuerda con la mecánica cuántica, el principio de Heisenberg interpretado por el proceso uno y el proceso dos. La única respuesta que puedes obtener es un sí o un no sí. No puedes obtener un no del universo. El universo no conoce el no.

Cuando haces la pregunta por segunda vez, crees que estás haciendo la misma pregunta. No es así, porque según el principio de Heisenberg de la mecánica cuántica, una vez que has hecho la pregunta, ya has cambiado la realidad. No es la misma realidad. El hecho de que la hayas formulado ya ha cambiado la potencialidad. De hecho, cuantos más síes obtienes, más se fija el sí. Se les llama —tienen un nombre— "las conjeturas exaltadas", que tienden a convertirse en síes constantes. Sabía que te morías de curiosidad por la mecánica cuántica, así que he pensado sacar el tema. La aplicación del principio de Heisenberg es que una vez que has hecho la pregunta, ya has cambiado el potencial. ¿Por qué? Porque has descargado el potencial, has colapsado la onda. Sí, debido a la ecuación de Dirac has colapsado la onda, y estás atascado en lo que ahora es una nueva realidad, de nuevo en la observación.

Recientemente hicimos una investigación para alguien, y al principio sonaba simple. Ya sabes, ¿esto sería bueno para esto o esto sería bueno para eso otro? Y empezamos a obtener respuestas ambiguas. Y entonces entendimos que este proceso es mucho más complicado que simplemente preguntar números o sí o no, porque cuando dices "esto es bueno para esto", tienes que definir lo que quieres decir con *bueno*. Buena persona, buen potencial... Entonces entramos en: "¿Está esta persona kármicamente equipada para manejar esto en este momento? ¿Está kármicamente destinada a ser capaz de manejar esto?". Estábamos haciendo preguntas sobre algo que está en proceso, así que tuvimos que decir: "¿Es esta persona buena en este momento, o sería concordante, con la dirección que lleva este proceso?". ¿Entiendes lo que digo? Por ejemplo, preguntamos: "¿Es este un buen entrenador para tal equipo?". Bueno, pero el equipo acaba de incorporar a dos nuevos miembros que son muy fuertes y han sido formados por unos entrenadores totalmente distintos y, en vista de eso, ¿seguirá siendo este el mejor entrenador? Bueno, puede que no, porque estos dos chicos que vienen de un entorno diferente no van a encajar con este entrenador. Así que ya ves lo complejo que es.

En lugar de un simple sí o no, muy a menudo te metes en toda una sesión de investigación —y estoy pensando en la que hicimos ayer— que realmente te va a llevar una buena parte del día, buena parte de la tarde, y hay que realizarla con seriedad porque en cierto modo estás tratando con algoritmos —algoritmos y variables y potencialidades— y, como ves, tienes que establecer las condiciones. Como dijimos en la pizarra, la verdad no se puede definir a menos que definas el contexto. A la verdad de *sí* o *no* se añadiría entonces *en qué condiciones*. Por eso me gusta la ética situacional, porque lo que es ético en una situación no lo es en otra, y sé que hay disciplinas religiosas que desprecian la ética situacional. Tienen derecho a equivocarse.

***

¿Cómo cultivamos más amor o conseguimos más amor en nuestra vida? No podemos hacerlo. Lo que hacemos es eliminar los obstáculos al amor, porque el amor es la esencia de lo que eres. Hemos visto esta mañana que la guerra no es lo contrario de la paz. La paz es la condición natural cuando se elimina la falsedad. Así que el amor es la condición automática cuando se eliminan los obstáculos que lo impiden, que son falsos y falaces. El amor se convierte en una forma de ser; el amor no es una emoción. No va de aquí para allá. No puedes perder el amor. Nadie puede salir corriendo y llevarse el amor.

***

¿Puede la ciencia evolucionar más allá del nivel 499? No. La mecánica cuántica era una esperanza. La mecánica cuántica calibra alrededor de 466, 465. Si pudieras llegar hasta allí con la ciencia… Einstein calibró en 499. Verás, después de la conferencia de Copenhage de 1927, donde se habló de la mecánica cuántica, y todos los grandes nombres de la física teórica avanzada —Bohr, Bohm, Heisenberg y Dirac— estaban allí, Einstein dio su respuesta al principio de Heisenberg, que dice que cuando te enfocas conscientemente en algo, ya lo has cambiado. Has colapsado la función onda del campo de energía potencial. Einstein dijo que no quería que la conciencia entrara en lo que él esperaba que fuera un universo independiente, objetivo, definible, demostrable y externo, independiente de la conciencia humana.

Y por lo tanto, los estableció en 499. Y él se aisló. Bohm, en cambio, que calibra por encima de 500, habló del universo plegado y desplegado. Así que calibra por encima de 500, y Freud también. Freud estaba en lo cierto cuando dijo que los dioses de antaño —el dios vicioso y furioso que se va a vengar de ti por haber pecado y que tiene sus favoritos y todo eso— salen del inconsciente, del miedo del niño al gran padre que está ahí fuera. Así que lo que Freud dijo era correcto. Los dioses falsos son falsos, pero luego hizo el salto ilógico de que, como los dioses falsos son falsos, no hay un Dios verdadero. No probó que no hubiera uno verdadero. Solo demostró que los dioses falsos eran falsos, lo que ya era un avance porque lo llevó a 499, que está muy bien. Einstein, Newton y Freud calibran en 499; eso es bastante avanzado, pero no es el reino de los 500, porque en 500 tienes que pasar a lo subjetivo. Es en lo subjetivo donde todos vivimos.

Utilizamos la terminología objetiva, pero todos vivimos en el aquí y el ahora de lo subjetivo. Es la cualidad indefinible y sutil de toda experiencia. Eso es lo que estamos experimentando todo el tiempo; pensamos que la causa está en lo externo, cuando en realidad es irrelevante. Donde vivimos, momento a momento, es en lo subjetivo. Toda tu vida se vive en lo subjetivo. Nunca la vives en lo objetivo, porque incluso si miras a lo objetivo, solo lo haces desde la cualidad experiencial de lo subjetivo. Así que "solo una realidad objetiva verificable es real" es una afirmación muy subjetiva. Ya está concluyendo que su verdad subjetiva con respecto a eso es la verdad. Esa es una visión muy subjetiva y muy egoísta, ya que de ahí se difiere entonces que solo tu visión de ello es lo que es.

***

¿Qué es el nivel astral? Hay otras dimensiones. Está lo espiritual y lo astral, y los espiritualmente ingenuos confunden las dos cosas. El festival de la Nueva Era es el carnaval de lo astral. Todo tipo de lecturas psíquicas, lo que supuestamente pasa "en el otro lado", y echar las runas, las piedras, los collares, la adivinación con las uñas de los pies... Ya sabes lo que quiero decir. Los signos astrológicos que vienen del Maestro Baba que está "en el otro lado" te dicen que debes comprar recursos ahora mismo y vender tu rancho a tu suegra. "Serán 1.500 euros". No quieras quedarte atrapado en este circo. Es engañoso. Nunca lo subestimes. Hay muchas energías en este universo a las que no les gustaría verte avanzar espiritualmente. Sin la menor duda. Y son muy hábiles en ello. Extremadamente inteligentes. Son más listos que tú. Han estado en ello durante mucho tiempo. El arte de la seducción espiritual y el glamur; es por lo que muchos gurús escribieron libros que calibraban en 500 y, si los calibras ahora, están en 180. El glamur y la seducción, el poder sobre los demás. Así que el lado oscuro del maestro espiritual es el poder sobre los demás, parecer especial, reclamar conexiones y poderes únicos y decirle a alguien: "Bueno, eres la tercera encarnación del quinto lama whatchamacalit, que era el descendiente de la jerarquía Baba". Chico, te sientes muy bien al oír eso. Y ahora ya no estás en ninguna parte, amigo mío, porque te han engañado.

Es difícil definir el astral, que se divide en superior, medio e inferior. El superior es el celestial; el astral medio es donde va todo tipo de gente buena entre una vida y otra, y el astral inferior es de donde sacan su energía Bin Laden y toda esa gente, su inspiración, es lo que impulsaba a Adolf Hitler y a los de su calaña. Entonces se podría decir que el bajo astral es lo demoníaco. El astral medio son los llamados planos internos, y el astral superior es celestial. Mucha gente se comunica a través de lo celestial, y hablas con ángeles y seres así. Así que, cuando calibres cuál es la fuente de la información en el otro lado, se te dirá si es superior, media o inferior. Descubrirás que los tableros de ouija y ese tipo de cosas calibran extremadamente bajo. Crees que solo son un juego. *Dragones y mazmorras* no es solo un juego. Muchos de los juegos de ordenador que proponen que es muy divertido rastrear y matar mujeres, y cosas así, calibran alrededor de 80. ¿Vas a sentarte ahí y programar tu mente con un campo de energía de 80? Lo que estás haciendo es establecer una programación, y en un momento dado tu mente se queda en blanco, y piensas: "No sé por qué las mato. Ellas solo... Solo quería ver lo que es matar gente. Solo quería ver lo que se siente al matar a alguien".

Hay otra cosa de la que no eres consciente, y es que cuando crees que tu mente consciente es consciente, es inconsciente alrededor del 24 % del tiempo. Por eso le digo a la gente que se compre un detector de radares.[3] Dios te dice que compres un detector de radares. Cuando crees que estás consciente, en realidad estás inconsciente más del 20 % del tiempo, 22 %, 23 %, 24 %, 25 %. Aproximadamente del 23 al 24 % del tiempo estás inconsciente y crees que estás consciente. Eso es autohipnosis. Crees que estás consciente. El 23 % del tiempo no eres consciente y crees que lo eres. Ese es el lado malo, que cuando estás inconsciente no crees que lo estás. Crees que estás consciente. Si no te lo crees, consigue un detector de radares, y verás rápidamente lo cierto que es. Tú crees: no hay ningún policía ahí. No hay nadie en la calle. De repente, pita [el detector de radares]. ¿De dónde ha salido [el radar]? Ha estado ahí todo el tiempo, amigo. Solo estabas dormido.

La mecánica cuántica te dice que una vez que pasas del mundo macroscópico al microscópico, estás tratando con la improbabilidad, y con lo que el ego trata es con probabilidades. Paracaidistas, que tengáis buena suerte, porque puedes saltar dieciocho veces seguidas y la decimonovena, justo cuando vas

---

3. Metáfora de mantenerse alerta a lo invisible para los ojos físicos. (N. del t.)

a saltar, te viene un pensamiento de tu suegra muerta y de que te olvidaste de mandarle flores, y ese segundo te cuesta la vida. Así que, en los deportes extremos, te olvidas de que el 24 % del tiempo estás inconsciente; saltas nueve veces del trampolín haciendo cinco piruetas en la bajada y a la siguiente te rompes el cuello. Así que no puedes contar con que lo que no es fiable sea fiable en todo momento.

Tenía unos amigos en Sedona que eran dueños de una tienda de animales. Estos tipos eran muy conocidos en la ciudad, y cuando tenías una serpiente de cascabel en tu jardín, les llamabas. Eran tipos privados, venían y recogían la serpiente. Mucha gente no quiere serpientes de cascabel en su jardín, así que hacían el servicio gratis y se quedaban con la serpiente.

De esta pareja, uno de ellos fue mordido diecinueve veces por una serpiente de cascabel, diecinueve veces, diecinueve mordeduras, y sobrevivió las diecinueve veces. Y la vigésima mordedura lo mató. La vigésima. Bueno, ya ves lo fácil que nos engañan: diecinueve veces; soy inmune. No, no eres inmune, porque la vigésima vez estabas inconsciente. Por eso digo que el objetivo de un detector de radares es la humildad, para recordarte que no puedes depender del ego para sobrevivir. Tu supervivencia depende del campo, y el campo te está diciendo que te hagas con un detector de radares. Es para recordarte que el 24 % del tiempo eres inconsciente.

***

Si el momento de la muerte ya está fijado cuando naces, ¿están predeterminados los sucesos de tu vida? No. Verás, karma significa que tu alma ha evolucionado durante un período de tiempo, y ahora estás llegando a cierto nivel y ciertas elecciones están disponibles en ese nivel. Esta elección no está disponible allí, y esta otra elección no está disponible en aquel otro lado, así que, hasta cierto punto, nuestro nivel de conciencia determina nuestras elecciones. Yo simplemente no tuve la opción de ser un defensa [en el equipo de fútbol americano]. Y el entrenador del equipo de natación me dijo: "Enano, no tienes una brazada suficientemente larga". El entrenador de fútbol: "No te queremos en el campo". Así que fui a boxeo. Me dijeron que no tenían nada para los que éramos tan pequeños —pasaban de peso mosca a peso mosquito—, no cogían a nadie que pesara menos de 45 kilos. Ya ves, no tenía la opción de ser un campeón de peso pesado. Así que ya estás destinado kármicamente.

Esperamos que hayas disfrutado de este libro. Te animamos a que vuelvas a él con frecuencia. Si sigues este fascinante viaje, verás lo fácil que es elevar tu conciencia a los niveles del poder en lugar de la fuerza, para que tú también puedas convertirte en uno de los que están despiertos y conscientes en este mundo. Tu vida, sin duda, nunca volverá a ser la misma.